APOLOGIE
DU MÉMOIRE
PRÉSENTÉ AU ROI,

PAR Monseigneur Comte D'ARTOIS, M. le Prince de CONDÉ, M. le Duc de BOURBON, M. le Duc D'ENGHIEN, & M. le Prince DE CONTI.

ON y confidere les atteintes portées à la Puiffance Royale, les fondemens de l'Autorité Souveraine, les droits qui en font inféparables, les bornes qui la circonfcrivent, & les reffources de la Nation contre tous les abus de l'Autorité.

Ouvrage dédié à l'Affemblée des Etats-Généraux, tenue à Verfailles en 1789.

Cùm homines plurimùm hominibus, & profint, & obfint; propriam hoc ftatuo effe virtutis, conciliare animos hominum, & ad ufus fuos adjungere.

Cicero de officiis, lib. 2, c. v.

A AMSTERDAM;

Et fe trouve à Paris,

Chez VARIN, Libraire, rue du Petit-Pont, à l'image Sainte-Genevieve.

1789.

EPITRE
DÉDICATOIRE

Aux Repréfentans de la Nation Françoife,
affemblés à Verfailles.

Messeigneurs et Messieurs,

Le petit traité que nous prenons la liberté de vous dédier, a été entrepris pour mettre un ordre entre les diverfes opinions, hafardées dans ces momens malheureux, par un grand nombre d'Auteurs. Les principes abfurdes, épars dans leurs libelles, fe trouvant rapprochés les uns des autres, la moindre attention fuffira pour en appercevoir l'incohérence, les contradictions & le danger. Les vrais principes qu'ils s'efforcent d'obfcurcir & de combattre ici, également raffemblés & réunis, forment le plus beau concert, la plus belle harmonie ; fur l'enfemble de ces vérités fi importantes, font fondés tous les droits & du Monarque & des Sujets.

D'après ces Loix immuables, les Repréfentans de la Nation doivent régler leurs
démarches, dicter leurs remontrances,
dreffer leurs plaintes, former leurs demandes. Ces grands principes liés fi étroitement, qui fe foutiennent & s'appuient
les uns les autres, peuvent feuls mettre
votre augufte Affemblée à l'abri des conteftations, établir entre fes membres
l'union, la concorde & la paix, & vous
procurer les moyens de contribuer, avec
une égale facilité, au bonheur de l'Etat.

Si l'on élevoit de nouveaux doutes,
on les verroit bientôt difparoître. Nous
nous eftimerons heureux de pouvoir vous
donner une nouvelle preuve de notre zele
pour affurer le fuccès de vos féances, &
de vous fournir de nouveaux témoignages
du profond refpect & de l'attachement
inviolable avec lefquels nous avons l'honneur d'être,

MESSEIGNEURS & MESSIEURS,

Votre très-humble & très-
obéiffant ferviteur * * *.

APOLOGIE

DU MÉMOIRE

PRÉSENTÉ AU ROI,

PAR Monseigneur Comte D'ARTOIS, M. le Prince DE CONDÉ, M. le Duc DE BOURBON, M. le Duc D'ENGHIEN, & M. le Prince DE CONTI.

DANS la derniere affemblée des Notables de ce royaume, nos Séréniffimes Princes ont connu les affreux projets qui leur ont été préfentés au nom de quelques villes de quelques provinces, qui paroiffent réfolues de changer la conftitution de cet Etat, & de s'emparer de l'autorité du Monarque. Ils ont remarqué

A

qu'une foule d'auteurs légers & fans fcience ofoient fe flatter de voir les Etats-Généraux devenir leurs complices, & fe faire un devoir d'abolir la Religion, de renverfer la Monarchie, & de donner lieu aux plus grands troubles, aux plus funeftes révolutions. De concert avec prefque tous les Notables affemblés, après avoir offert de contribuer au foulagement du Tiers - Etat, & de partager avec les peuples les charges dont ils fe plaignent, ils ont montré le plus grand zele pour procurer le bonheur de toute la Nation. Afin de mettre Sa Majefté à couvert des mauvais confeils qu'elle auroit pu recevoir, ils lui ont demandé la permiffion de l'inftruire de tous les faits dont ils avoient puifé la connoiffance dans les Mémoires adreffés à leur Affemblée. Ils lui ont repréfenté que « l'on préparoit une révolution dans les » principes du Gouvernement; que les de- » mandes formées par diverfes Villes, diverfes » Provinces, les Mémoires à eux adreffés, » annonçoient & prouvoient un fyftême d'in- » fubordination raifonnée, & le mépris de » toutes les Loix. Tout Auteur, ajoutent-ils, » s'érige en Légiflateur. L'art d'écrire, même » dépourvu de toute étude, de connoiffance, » d'expérience, femble un titre fuffifant pour » régler la conftitution des Empires; les opi-

» nions les plus repréhenfibles paroiffent
» aujourd'hui raifonnables & juftes. Qui peut
» dire où s'arrêtera la témérité de ces opi-
» nions ? Les droits du trône ont été mis en
» queftion ; les droits des deux Ordres de
» l'Etat divifent les opinions. L'Etat eft en
» péril, &c. »

Ce Mémoire qui a mérité les éloges &
l'approbation de tous les bons Citoyens, la
reconnoiffance la plus vive de la part de tous les
François religieux, a paru à ces enthoufiaftes,
à ces régénérateurs, *un écrit fcandaleux*, *rempli
d'affertions dangereufes*, *de principes infâmes*,
tel, en un mot, que *nos Princes ne pouvoient
fe compromettre d'une maniere plus cruelle & plus
flétriffante*. Ces grands Seigneurs, fi refpectables, leur ont paru *fufceptibles de toutes ces petites
paffions qui agitent & dégradent le cœur humain*.
Dans ce beau Mémoire, qu'ils appellent *un
Pamphlet national*, *ils ne trouvent pas une
feule ligne qui ne foit dirigée contre le peuple, qui
n'ait pour but de l'avilir & de l'écrafer, de rejetter
fes demandes les plus fages, les plus évidemment
juftes*, &c. (1)

Le ton injurieux & infolent de toutes ces
petites brochures qui inondent le public,
fuffiroit pour autorifer tous les jugemens

-----

(1) Ultimatum d'un citoyen du Tiers-Etat, *p.* 61.

(4)

portés contre leurs auteurs. Leurs principes
abfurdes, leurs faux raifonnemens, leurs
menfonges, acheveront de nous faire connoître combien étoient fondées les alarmes
des Princes, combien étoient fages leurs remontrances & leurs fupplications néceffaires.
Touchés des mêmes craintes, animés du
même zele pour le maintien de l'autorité
royale, pour le bonheur des peuples, pour la
paix & la tranquillité de l'Etat, nous nous
ferons un devoir de démontrer la vérité des
faits avancés dans leur Mémoire, la juftice
de leurs plaintes, l'immutabilité des principes établis dans leurs repréfentations, & la
néceffité de parer à tous les malheurs dont
ce royaume eft déja accablé.

Dans notre premier Chapitre, nous donnerons les preuves de toutes les atteintes,
déja portées à la puiffance du Souverain,
que l'on veut abfolument tranfmettre aux
fujets. Dans le fecond, nous expoferons tous
ces fondemens folides, fur lefquels eft appuyée
l'autorité fouveraine.

Dans le troifieme, nous nous étendrons
fur les droits inféparables de l'autorité fouveraine qu'on ofe lui contefter.

Dans le quatrieme, nous ferons l'énumé-
ration de tous les abus que le Gouvernement
peut faire de fon autorité.

Dans le cinquieme , nous indiquerons toutes les reſſources de la Nation , pour parer aux abus de l'autorité ſouveraine.

Ce petit traité ſuffira , non-ſeulement pour l'apologie du Mémoire des Princes , mais pour fermer la bouche à tous ces eſprits ſéditieux , pour réfuter l'abſurdité de tous ces principes que publie cette philoſophie rebelle , qui a déja cauſé tant de troubles dans ce royaume. Nous eſpérons que le lecteur attentif appercevra , du premier coup d'œil, la force , la ſuite de nos raiſonnemens., & la droiture de nos intentions.

CHAPITRE PREMIER.

Atteintes portées à l'autorité ſouveraine.

DEPUIS long-temps , on travaille à faire diſparoître cette ſource ſacrée d'où découle l'autorité des Souverains. Aujourd'hui , l'on éleve des bornes étroites dans leſquelles on veut circonſcrire une autorité qu'on prétend avoir créée. On inſulte aux perſonnes élevées à ce rang ſuprême, à celles qui approchent de ſon trône , à celles qui exercent leurs pouvoirs. On annonce une révolution prochaine, qui doit confondre les divers Ordres de ce royaume, & changer entierement la conftitution de cette Monarchie. Ce n'eft pas, comme on le prétend, le Tiers-Etat qui s'eft rendu coupable de ces attentats; nous efpérons que le plus grand nombre des fujets qu'on veut féduire, faura fe conferver dans la foumiffion & l'attachement qu'il a voués à fon Prince. Ce font ces nouveaux régénérateurs qui s'efforcent de lui infpirer leur goût pour l'indépendance la plus abfolue. Nous allons les entendre prononcer eux-mêmes ces maximes révoltantes, ces principes féditieux, qui attaquent de tous côtés la puiffance royale, & qui tendent à la priver de tous fes droits.

§ Ier.

*Atteintes portées à la fource véritable
de toute autorité.*

NOUS démontrerons, dans le Chapitre fuivant, que la Religion eft le premier fondement de toutes ces fortes d'autorités, auxquelles l'homme fe trouve foumis, malgré lui, dès le moment de fa naiffance. Le même Etre qui a créé l'univers, préfide à toutes les fociétés. Sa toute-puiffance feule peut faire refpecter toutes les Loix néceffaires pour y établir la fubordination, & y maintenir le bon ordre. C'eſt pourquoi les ennemis des Souverains ſont néceſſairement les ennemis de Dieu.

Nos Princes ont apperçu, dans les auteurs des troubles de l'Etat, cette audace, cette impiété. Ils repréſentent au Roi que *des inſti- tutions réputées ſacrées, par leſquelles cette Monarnarchie a proſperé pendant tant de ſiecles, ſont aujourd'hui converties en queſtions problématiques, ou même décriées comme des injuſtices....* pag. 4.

Cette accuſation n'eſt que trop fondée. Non-ſeulement dans les écrits préſentés au Roi on ne dit pas un mot de la Religion, on ne parle point de Dieu, mais dans leurs ouvrages, nos régénérateurs ſe font une gloire de le couvrir du dernier mépris : ils puiſent tous leurs principes dans la doctrine des philoſophes du temps. Le Parlement, qui tolere aujourd'hui la publication de tant d'impiétés, n'a pu ſe diſpenſer de condamner & flétrir l'ouvrage de Reynal. Ecoutons-le ; nous croirons entendre parler tous ces nouveaux écrivains qui veulent renverſer l'autorité royale.

« La philoſophie devroit tenir lieu de la » divinité ſur la terre ; c'eſt elle qui lie, » éclaire, aide & ſoulage les humains ; elle » leur donne tout ſans exiger aucun culte....

» elle hait le bruit des fectes, mais elle les
» tolere toutes. Cependant, la lumiere gagne un
» plus vafte horifon ; une efpece d'empire s'eft
» formé celui de la litérature qui commence
» à préparer la République Européenne. . . . .
» Si jamais la philofophie peut s'infinuer dans
» l'ame des Souverains & de leurs Miniftres,
» les fyftêmes de politique s'agrandiront &
» feront fimplifiés. Le commerce des lumieres
» eft devenu néceffaire à l'induftrie, & la
» littérature feule entretiendra cette commu-
» nication. . . . . la philofophie ne hait que la
» tyrannie & l'impofture , parce qu'elles
» foulent le peuple.

 » Par cette dénomination générale &
» obfcure, *la tyrannie, l'impofture,* dit M. l'A-
» vocat - Général , Reynal veut défigner la
» Souveraineté des Puiffances de la terre & la
» Religion Chrétienne : les Rois font des
» tyrans , les Miniftres des impofteurs ; les
» lettres & les arts décorent l'édifice de la
» Religion , & la philofophie la détruit ;
» l'impofture parle dans les Temples, & la
» flatterie dans les Cours ; tout écrivain de génie
» eft Magiftrat né de fa patrie ; fon tribunal,
» c'eft la nature entiere, le public fon juge,
» non le defpote qui ne l'entend pas, ni le
» Miniftre qui ne veut pas l'écouter. C'eft aux
» fages de la terre qu'il appartient de faire

(9)

„ des Loix , & tous les peuples doivent s'em-
„ preſſer de les écouter (1).

Notre Monarchie n'eſt qu'une partie de la
République Européenne; voilà quelle doit être
la nouvelle conſtitution qu'on nous propoſe.

L'auteur anonyme , dont la brochure eſt
adreſſée *à la Nation Françoiſe* , enſeigne la
même doctrine ; il emprunte juſqu'aux expreſ-
ſions de Reynal. Il déclare qu'*il veut que la
France devienne le ſéjour de la liberté , de la tolérance
& du bonheur. Elle ſervira d'aſyle aux hommes
de tous les pays & de toutes les Religions , qui
voudront ſe fouſtraire au joug de l'ignorance & du
deſpotiſme* (2).

M. le Comte d'Ant * * * , dans ſon *Mémoire
ſur les Etats - Généraux* , va encore plus loin.
Il appelle *prétention incroyable* cette doctrine ,
que *les Rois ſont élus de Dieu pour régner , &
ne doivent qu'à lui leur couronne. Pour la faire
prévaloir* , dit-il , *il falloit priver les hommes de
toute eſpece d'entendement.*

„ La qualité de Roi, *par la grace de Dieu*,
„ fut commune dans les ſiecles précédens ; tout ,
„ en ce monde , ſe fait par la grace de Dieu.
„ Ces abſurdes menſonges nuiſent au trône ,

____

(1) Hiſtoire des établiſſemens des Européens , &c.
Voyez l'Art. Philoſophie & l'Arrêt du Parlement.

(2) Pages 3 & 4.

» & ne fervent que les Miniſtres ; eux feuls
» font intéreſſés à ne pas laiſſer difcuter d'où
» émane une autorité dont ils abufent. Mais
» le véritable intérêt des Rois, eſt d'établir
» leur autorité fur des baſes indeſtructibles ;
» & il n'en eſt de telles, que celles qui re-
» poſent fur la volonté fuprême des peuples.

   » Telles furent les erreurs qui germerent
» en ce fiecle, pour produire, fous le fuivant,
» les maux qui ont comblé notre mifere,
» &, peut-être, confommé notre ruine.

   » On peut deviner quel eût été le fort d'un
» guerrier qui auroit dit à fes confreres, que
» le Roi ne tenoit fa couronne que de Dieu,
» & qu'à Dieu feul il devoit rendre compte
» de l'ufage qu'il vouloit en faire. Le regne
» de la liberté nationale , eſt le regne des
» grandes vertus, &c. » *pag.* 63.

Quand le Gouvernement auroit jugé à
propos qu'on déprimât ainfi l'autorité du
Monarque, il devroit encore punir ceux qui
ofent ainfi infulter à l'autorité de Dieu même,
& débiter de pareilles erreurs, de femblables
blafphêmes.

La Religion Catholique une fois éteinte,
le Clergé devient un ordre fort inutile ; auſſi
prend - on toutes les voies ouvertes pour
l'anéantir. Le chef d'un des Bailliages principaux veut que ces petites affemblées de-

(11)

mandent, aux Etats - Généraux, pour tous
les Eccléfiaftiques, la permiffion de fe marier,
ce qui les reportera tous dans le Tiers-Etat.
Des affemblées illicites de ce Tiers - Etat
veulent qu'on leur enleve leurs propriétés
pour rembourfer les dettes de l'Etat & fupprimer les charges de la Magiftrature. L'auteur de la brochure intitulée , *La France
régénérée*, penfe qu'il eft du bien du royaume
de les priver tous de l'adminiftration de leurs
biens : « Pourquoi, dit-il, le Clergé ne dé-
» poferoit - il pas fes biens entre les mains
» d'adminiftrateurs publics qui en feroient
» comptables aux Etats-Généraux ; car enfin ,
» il ne doit pas ce compte à Dieu feul : les droits
» de la juftice divine n'anéantiffent pas les
» droits de la juftice humaine ; & les intérêts
» du ciel n'excluent pas les intérêts des peu-
» ples. » *Pag.* 95.

On doit faire remarquer ici le peu de fuite
qu'ils mettent dans leur plan. Ils affemblent
les Etats - Généraux pour conferver aux
peuples leur liberté, leurs propriétés, leurs
intérêts ; & ils veulent que cette affemblée
enleve à l'Eglife la propriété, l'adminiftration de fes biens, un état, des pouvoirs
qui n'ont jamais dépendu de la Nation
affemblée ou difperfée ; c'eft qu'ils ne veulent

point qu'il exiſte , dans ce monde , d'autre autorité que celle de leurs députés.

§. I I.

Atteintes portées à l'autorité ſouveraine.

DANS ces libelles ſéditieux que l'on répand, tout annonce, diſent les Auteurs du Mémoire, *tout prouve un ſyſtême d'inſubordination raiſonnée, & le mépris des Loix.* Ce ſyſtême eſt une ſuite des atteintes portées à l'autorité de Dieu même. Le Com.. d'Ant * * * éleve, à ſa place, une nouvelle autorité factice qui aſſure, à tous les ſujets, les plus beaux droits, la plus grande liberté.

« Quand les moyens poſitifs manquent ,
» dit-il, c'eſt à la Loi immuable de la Nature
» qu'il faut recourir pour y ſuppléer. Le
» Tiers-Etat eſt le peuple , & le peuple eſt
» la baſe de l'Etat ; il eſt l'Etat lui-même ;
» les autres Ordres ne ſont que des diviſions
» politiques, tandis que le peuple eſt tout par
» la Loi de la Nature, qui veut que tout lui
» ſoit ſubordonné , & que ſon ſalut ſoit la
» premiere Loi de l'Etat , & le motif qui les
» autoriſe toutes. C'eſt dans le peuple que
» réſide la puiſſance nationale ; c'eſt par lui
» que tout l'Etat exiſte, & pour lui ſeul qu'il
» doit exiſter. *Pag.* 246.

« De nos principes , dit l'Auteur de la
» *Confultation fur le droit de convoquer les Etats-*
» *Généraux* , il réfultera , il eft vrai , que le
» Monarque ne fera pas pleinement indépen-
» dant , qu'il ne fera pas inamovible ; mais
» ces privileges ne font nullement renfermés
» dans l'idée de la Monarchie.... ce fera ,
» dans un cas , un Monarque abfolument
» indépendant, qui ne fera comptable à per-
» fonne ; ce fera, dans l'autre cas , un Monarque
» dépendant qui aura un fupérieur fur la
» terre, qui pourra, dans certaines circonf-
» tances, être privé de la Monarchie.......
» Le pouvoir Monarchique pourra être ôté
» à une perfonne, & confié à une autre ;
» il fera toujours de la même nature dans l'une
» & l'autre main. *Pag.* 36.

» La Nation elle-même eft reftée maîtreffe
» de tous fes pouvoirs.... les droits des Etats-
» Généraux font les droits de la Nation elle-
» même. C'eft fous ce rapport qu'il en faut
» déterminer l'étendue ; & enfin, pour ramener
» cet objet à fon vrai principe , nous deman-
» derons quels font les droits de la Nation ,
» énonçant fes volontés par fes repréfentans ;
» on fera tenté, j'en fuis perfuadé, de répondre
» auffi-tôt que nul obftacle ne fauroit mettre
» un frein à fa volonté fuprême. *Pag.* 20.

» Quoique les Etats-Généraux aient établi

» la fucceſſion héréditaire du trône, il eſt eſſen-
» tiel de prouver par leurs témoignages que,
» fous les deux premieres races de nos Rois, le
» trône fut électif. Cette preuve nous eſt utile ;
» par ſes conféquences, elle confirme celle de
» nos libertés ; car le defpotifme eſt l'appanage
» de l'hérédité du trône ; mais un élu eſt tou-
» jours un Roi dépendant, car il peut être
» dépofé, & les nôtres l'ont été ». *Pag.* 47.

Comment ofer dire qu'une puiſſance dépendante, amovible, foumife à la volonté
fuprême des fujets, eſt une autorité fouveraine ! Quelle extravagance ! c'eſt par une
fuite de ces beaux principes que nous avons
vu les Etats Proteſtans fe fouſtraire à l'autorité des Souverains, les chaſſer de leur
royaume, les charger de chaînes & les conduire à l'échafaud. Ne reconnoiſſons - nous
pas ici un vrai fyſtême d'infubordination ?
Nos Princes n'avoient-ils pas le droit de s'en
plaindre ?

§. I I I.

Atteintes portées au droit de la Légiflation.

Tout Auteur, difent les Princes, *s'érige en
Légiflateur*, c'eſt-à-dire, que tous ces écrivains,
dans des momens d'effervefcence, portent eux-
mêmes des Loix qui n'ont jamais exiſté que

dans leur imagination, & décrient toutes celles qui ont été obfervées jufqu'à préfent.

« Un peuple libre, dit le Com . . d'Ant * * *, » eft régi par des Loix; les Loix ne méritent » ce nom augufte, que lorfqu'elles font la » déclaration de la volonté publique. *Pag.* 21.

» La Nation ne peut exercer le pouvoir » judiciaire; non qu'elle n'ait le droit, étant » affemblée, de prononcer des jugemèns, » s'il s'agiffoit fur-tout de flétrir qui cherche » à lui nuire, fi c'étoit enfin le crime de » lèze-Nation, qu'elle voulût punir. *Pag.* 23.

» Dans le feizieme fiecle, vivoit un jurif-» confulte nommé Loyfel. Qui croiroit que » c'eft lui? lui feul qui a établi cette opinion » inconfidérée, autant que tyrannique *Si veut* » *le Roi, fi veut la Loi* ?

» Nul ne l'avoit penfé, nul n'avoit eu l'au-» dace de l'écrire avant lui. Mais le defpotifme » habile à anéantir les droits des peuples, ne » l'eft pas moins à tirer de la pouffiere des » principes pervers, quand ils fervent à le » foutenir. M. le Préfident Hénault, placé à la » Cour du feu Roi, a induit la Nation dans » cette erreur : s'il commit ce crime par » ignorance, il eft à plaindre; fi c'eft avec » connoiffance de caufe, il méritoit la mort.....

» Cette décifion incroyable par fon ab-» furdité, émanoit du flatteur Ulpien, qui

„ avoit dit : *Ce qui plaît au Prince, a la force*
„ *d'une Loi ;* il ajoutoit, puifque par la Loi
„ royale, ce peuple l'a revêtu du pouvoir
„ fuprême. . . . .

„ Mais il faut obferver que cette Loi royale
„ n'a jamais exifté ; on donnoit ce nom à
„ l'outrage fait aux Loix par le Sénat le plus
„ vil ; car on appelloit *Loi royale*, le Décret
„ du Sénat qui difpenfoit le Prince d'obéir
„ aux Loix.

„ C'eft donc de cette fource empoifonnée
„ qu'eft fortie la maxime de Loyfel : *Si veut*
„ *le Roi, fi veut la Loi ;* il a la baffeffe de
„ l'établir en principe. Mais où l'a-t-il trouvé ?
„ s'il étoit vrai que nos ayeux euffent été
„ affez vils pour la confentir, les Etats-Gé-
„ néraux doivent l'anéantir. Peut - on croire
„ que jamais les François aient été affez
„ avilis pour inveftir les Rois d'un pareil
„ droit ?

„ Si telle avoit été notre Loi fondamen-
„ tale, elle nous auroit rendu auffi-tôt notre
„ indépendance ; car elle auroit diffous le
„ pacte focial, en établiffant un defpotifme
„ plus cruel mille fois que le defpotifme
„ Ottoman ". *Pag.* 158, 159 & 160.

Suivant le Com.. d'Ant * * *, non-feulement le Souverain n'a pas le droit de porter

des

des Loix, mais il n'a pas même le droit de créer des Tribunaux pour les faire exécuter.

« Comme il importe à la Nation que le » despotisme soit à jamais éloigné du pouvoir » judiciaire, il n'est pas douteux que c'est à » elle à établir de quelle maniere doivent être » composés les Tribunaux chargés du dépôt » des Loix.

» La Nation ayant confié le pouvoir exé-» cutif, ayant statué sur la formation des » corps judiciaires, se trouve investie du » pouvoir incommunicable de créer les Loix. » C'est dans ce pouvoir imprescriptible que » reposent son existence & sa liberté.

» Ce pouvoir suprême ne peut être exercé » que par elle.... Le pouvoir législatif est le » seul rempart qui reste à un peuple qui s'est » dépouillé du droit de mouvoir la force » publique. C'est le moyen seul de réprimer » le pouvoir exécutif, en opposant à ses in-» vasions le frein sacré de la Loi ». *Pag.* 23 & 24.

Ces atteintes, portées au droit du Souverain, se rencontrent dans presque tous les ouvrages qui paroissent aujourd'hui. L'Auteur anonyme, que nous avons déja cité, parle ainsi : « L'opinion générale, & un concours » universel, établissent irrévocablement ce » grand principe, fondé sur la justice qui

» eſt immuable & éternelle ; que *dans tout*
» *pays, où il reſtera quelque liberté, les Loix deſ-*
» *tinées à gouverner les peuples, doivent être con-*
» *ſenties & approuvées par eux.....*

» Ces principes fondamentaux étoient par-
» faitement connus de nos ancêtres. Il ſuffit
» de parcourir l'hiſtoire des Etats-Généraux,
» pour ſe convaincre que ce pouvoir s'étendoit
» à délibérer ſur les affaires les plus impor-
» tantes, & ſur les Loix de toute nature, qui
» étoient enſuite promulguées en conſéquence
» de leurs délibérations ». *Pag.* 19 (1).

Les Magiſtrats, dans un arrêté qui paroît
ſous leur nom, ont adopté ces principes faux
& attentatoires : « La Cour a arrêté que ledit
» Seigneur Roi ſeroit ſupplié très-humblement
» de ne plus permettre aucun délai pour la tenue
» des Etats-Généraux, & de conſidérer qu'il
» ne ſubſiſteroit aucun prétexte d'agitation
» dans les eſprits, ni d'inquiétude parmi les
» Ordres, s'il lui plaiſoit déclarer & conſerver
» le retour périodique des Etats-Généraux....
» les rapports des Etats - Généraux avec les
» Cours ſouveraines, en telle ſorte que les
» Cours ne doivent ni ne puiſſent concourir
» à l'exécution d'aucune Loi, qui ne ſoit
» demandée ou conſentie par les Etats-Géné-

---

(1) Brochure intitulée : *A la Nation Françoiſe.*

» raux. Au moyen de ces préliminaires, il
» semble à la Cour que le Roi donneroit à la
» Magiſtrature la plus douce récompenſe de
» ſon zele , en procurant à la Nation , par
» le moyen d'une ſolide liberté, tout le bon-
» heur dont elle eſt digne. *Pag.* 5 , 6 & 7.

Par la ſeule lecture de ces textes, il eſt
aiſé d'en ſentir les fauſſetés, les contradictions.
Le Comte d'Ant * * * trouve l'autorité de
notre Monarque, telle qu'elle exiſte & qu'elle
a toujours exiſté , mille fois plus cruelle que
le deſpotiſme Ottoman. Il condamne à la
mort le Préſident Hénault, pour avoir cité
un principe ſur la Légiſlation que tous les
Légiſtes ont adopté, & que toute la Nation
a toujours reconnu & ſuivi.

§. I V.

Atteintes portées à la perſonne de nos Monarques.

Nos Princes ſe font un devoir d'aſſurer à
Sa Majeſté, que *ſa perſonne eſt reſpectée , que les
vertus du Monarque lui aſſurent les hommages de
la Nation.* Ces ſentimens ſont, dans la vérité ,
ceux de tous les bons François. Mais tous
ceux qui préparent une révolution dans les
principes du Gouvernement , ne reſpectent
pas plus ſa perſonne, ſes vertus, que ſon
autorité; & dans les complimens mêmes que

quelques-uns lui adreffent , ils lui imputent une foibleffe , une inconfidération qui ne tend à rien moins qu'à renverfer fon trône.

Ecoutons le Comte d'Ant***; il nous fait un portrait affreux de tous nos Monarques: il affirme « qu'un Roi n'a point d'intérêt à » n'établir que de bonnes Loix ». Eh, grands » Dieux! s'il eft fur la terre un homme inca- » pable , par fa pofition, d'exercer le pouvoir » légiflatif, c'eft un Roi, & fur-tout un Roi » héréditaire. Né dans le foyer de la corrup- » tion, fes premiers regards fe fixent fur les » ennemis naturels de l'ordre public : ce font » leurs maximes empoifonnées qui fe font » d'abord entendre à son inexpérience. Il fe » voit au milieu des Courtifans ; il ne voit » donc , autour de lui, que cette foule avilie » d'efclaves , à-la-fois infolens & bas , dont » l'éducation mutila & l'efprit & le cœur. » Si fes yeux s'élevent au - deffus de cette » foule d'adulateurs , ils fe fixent fur un trône » occupé par celui qu'il doit remplacer. Il » y voit trop fouvent l'exercice du plus ab- » folu pouvoir , uni à la plus incomplette » incapacité ; il y voit les paffions viles & » dangereufes couronnées & refpectées ; il y » voit l'éclat & la puiffance couvrir à-la-fois » les vices & la foibleffe ; il y apprend fur- » tout qu'il exifte trop fouvent dans les

» Empires deux fortes de morales, deux
» fortes de vertus, deux religions; l'une, à
» l'ufage de ceux qui obéiffent, violemment
» prêchée par ceux qui commandent; & l'au-
» tre, à l'ufage du Maître qui les opprime.....

» Et ce feroit au milieu de ces périls di-
» vers & inévitables, que naîtroit le fuprême
» Légiflateur de vingt millions d'hommes,
» revêtu tout-à-coup de l'autorité Royale !
» Ce fera à fa conftante inexpériencè que
» fera confié le pouvoir augufte de dicter des
» Loix ! Non, cela n'eft pas; cela ne peut
» pas être ; & une Société ainfi établie, dé-
» truite auffi-tôt par fa bafe, ne repréfenteroit
» plus qu'un affemblage d'hommes avilis &
» malheureux, fans lien, fans patrie, fans
» courage, foumis au plus abfurde des Gou-
» vernemens ». *Pag.* 26 *& fuiv.*

Ce beau tableau qu'on trace ici de nos
Monarques, eft-il donc un témoignage fin-
cere du refpect & des hommages profonds
qu'on doit rendre à leurs perfonnes ?

Nous ne trouvons pas de moindres infultes
dans ces grands complimens, ces actions de
graces, où l'on fuppofe que Sa Majefté eft
dans une intelligence parfaite avec fes Cours
de Juftice, avec le Tiers-Etat, pour fe dépouiller de fes anciens droits, & opérer, de
concert avec tous ceux qui troublent l'Etat.

une nouvelle régénération dans la Monarchie.

« Jamais , dit l'Anonyme , parlant *à la*
» *Nation Françoise* , les circonſtances n'ont
» été ſi favorables : tous les eſprits ſont diſ-
» poſés à de grands changemens ; déjà , les
» Notables ont , l'année derniere , déchiré le
» voile qui couvroit les Adminiſtrations pré-
» cédentes. Chaque jour , le flambeau de la
» philoſophie porte de nouvelles lumieres dans
» toutes les parties du Gouvernement : les
» droits des différens Ordres de Citoyens ſont
» reconnus ; l'homme eſt rétabli dans ſa pre-
» miere dignité ; un ſaint enthouſiaſme, pour
» améliorer ſon ſort, s'eſt univerſellement ré-
» pandu ; des Aſſemblées tutélaires ont été
» créées dans les provinces ; nous n'avons plus
» qu'un pas à faire. Un Roi juſte nous a rendu
» nos anciens droits. Les Etats-Généraux aſ-
» ſemblés fréquemment , feront le centre
» commun où les Citoyens de toutes les
» provinces viendront aboutir pour ſe con-
» fondre & ſe réunir à l'intérêt général. Il
» ſemble que la providence ſe plaiſe à nous
» combler, dans ce moment, de ſes faveurs,
» afin que notre régénération ſoit plus facile
» & plus complette. *Pag.* 9 *&* 10.

» La Nation a voulu prendre connoiſſance
» de ſes propres **affaires** ; elle eſt rentrée dans ſes

» droits, qui lui font maintenant affurés de
» la maniere la plus folemnelle, & dont
» elle doit conferver foigneufement le précieux
» dépôt..... *Pag.* 17.

» Une guerre civile, dit un autre Ano-
» nyme (1), commençoit à ravager nos pro-
» vinces : la juftice de Louis XVI a été tout
» d'un coup éclairée, comme par un trait de
» lumiere, à l'inftant où l'orage alloit éclater
» dans toutes les parties de fon Royaume.
» Avant cette forte d'infpiration foudaine,
» c'en étoit fait de la Nation Françoife, &
» il ne reftoit plus d'elle que fon cadavre.
» Mais, graces immortelles foient rendues
» au Prince qui, dans fa fageffe, va rap-
» peller la Nation Françoife à une vie nou-
» velle : graces immortelles foient rendues
» aux Magiftrats qui, par un dévouement
» inoui jufqu'à nos jours, ont rendu nécef-
» faire ce que Louis XVI a regardé comme
» jufte : graces immortelles foient rendues,
» fur-tout au Dieu protecteur de cet Empire,
» qui a tout ordonné de la maniere la plus
» conforme à la volonté de notre Monarque,
» aux vœux des Cours Souveraines, comme
» aux defirs de la Nation.

----

(1) *La théorie des Etats - Généraux, ou la France ré-
généréc.* Pag. 6 & 7.

(24)

„ Pour opérer cette efpece de réfurrection
„ miraculeufe, Louis XVI demande une Af-
„ femblée qui foit réguliere, conftitutionnelle,
„ Nationale, dans fa compofition... Il engage
„ fes peuples à coopérer, avec Sa Majefté, à
„ cette univerfelle régénération ».

Nous applaudirions volontiers à toutes fes
louanges, s'il ne s'agiffoit que de remercier
le Roi de ce qu'il veut bien affembler la
Nation, pour prendre fes avis, pour faire
droit à fes plaintes, & lui faire part des
nouveaux établiffemens qu'il projette : mais
publier hautement qu'il a déjà exaucé les
vœux de fes fujets qui cherchent à s'emparer de la Légiflation, à s'élever au-deffus
de fon autorité : affirmer qu'il a déjà fanc-
tionné la Loi que fes peuples demandent
pour devenir fon fouverain Juge ; c'eft une
infulte, une calomnie, un outrage fait à
Sa Majefté, d'autant plus criminels que,
par-là, on infpire une plus grande audace
à tous fes fujets, & qu'on accufe Sa Majefté elle-même de mettre fon Etat dans
le plus grand péril.

§. V.

Atteintes portées à toutes les perfonnes qui , par leur rang , approchent du trône , & font les dépofitaires de fon autorité.

Nos Princes fe plaignent encore de ce que le Tiers-Etat attaque les deux premiers Ordres du Royaume , & leur contefte *des droits auffi anciens que la Monarchie , & auffi inaltérables que fa conftitution.* Ce font les prétendus Protecteurs du Peuple , qui imputent au Tiers-Etat leurs vues ambitieufes , & qui veulent fe mettre au niveau de la plus haute Nobleffe. Pour s'élever à leur côté , il étoit néceffaire d'abaiffer tous ceux qui leur font fupérieurs.

Nous les avons déjà entendu dire que la Cour étoit *un foyer de corruption , occupé par les ennemis naturels de l'ordre public :* que tous *ceux qui environnoient le trône étoient une foule avilie d'Efclaves infolens & bas ,* &c. Ils vont encore ajouter à ces farcafmes des traits plus immodérés. C'eft le Comte d'Ant***. qui s'explique ainfi :

« Ce danger (*de voir détruire la liberté Na-*
» *tionale*) eft inhérent à l'Etat Monarchique :
» fi les Rois eux-mêmes n'étoient par tentés
» de devenir des defpotes ; dans le fein de la

» Nation , ils trouveroient les plus ardens fau-
» teurs de la tyrannie : c'eſt parmi ceux qu'ils
» élevent au Miniſtere , que ſe trouveront
» toujours ces hommes inconcevables qui ,
» pour goûter un moment le bonheur de
» porter le ſceptre de la tyrannie , aident de
» tout leur pouvoir à étendre l'autorité ab-
» ſolue , tout ſûrs qu'ils ſont d'en devenir
» les victimes , & de forger les chaînes de
» la ſervitude , pour leurs enfans... *Pag. 34.*
» Quand l'autorité nationale n'eſt plus rien ,
» ſi le Monarque tombe dans des mains inex-
» périmentées , il devient alors le deſpotiſme
» miniſtériel ; alors l'ambition , **la baſſeſſe ,**
» la cupidité dictent des décrets , & ces dé-
» crets deviennent des Loix. Alors s'élevent
» de vaſtes cachots , qui menacent la liberté
» des Citoyens. Il s'éleve bientôt une claſſe
» d'hommes affreux , ardens fauteurs de **la**
» tyrannie , attirés autour d'elle , par l'eſpoir
» décevant de partager ſon autorité, & alors
» ſe forme , contre la Nation, la plus terrible
» de toutes les confédérations ; c'eſt où, non-
» ſeulement , il ſe trouve des ſatellites prêts
» à l'enchaîner , mais des impoſteurs ardens
» à abuſer du ſeul bien que le Ciel laiſſe à
» l'infortune , la piété , la religion ; auſſi-tôt
» ſe promulguent ces maximes empoiſonnées
» qui conſacrent le deſpotiſme , &c. *Pag.* 41.

» Les François nés égaux n'accordoient des
» diftinctions qu'à ceux qui occupoient les
» dignités de l'Etat ; mais, fous cette première
» dinaftie, nous voyons fe développer le projet
» de rendre les fiefs héréditaires ; de ce chan-
» gement funefte devoit éclorre la Nobleffe
» héréditaire, le plus épouvantable fléau dont
» le Ciel, dans fa colere, pût frapper une
» Nation libre... Quand nos Ancêtres eurent
» fait cette plaie incurable à l'ordre public,
» tout fut perdu. . . . *Pag.* 61.

» Les fauffes idées qu'enfanta la féodalité,
» ont produit ces Nobles auffi vains que foi-
» bles, cette Nobleffe ennemie de la Popu-
» larité, qui affiégea le trône, qui s'empara
» de tout par droit de naiffance, & qui femble
» former autour des Rois une Nation nou-
» velle, ennemie des Peuples. Le nombre de
» ces Nobles, envahiffeurs de toutes les places,
» de toutes les dignités de l'Etat, fe multi-
» plie à la Cour ; tandis que la vraie Nobleffe
» fe rapproche du Peuple dans les provinces,
» & que, frappée par le defpotifme, elle a
» compris qu'il ne regne que fur des fujets
» dénués de principes & d'intérêts..... C'eft
» un grand mal que ce refte de vénération,
» que nous ont tranfmis ces fiecles de honte !
» Il nuit peut-être plus à l'Etat, que les
» fautes des Miniftres, ou plutôt il a fou-

» vent occafionné leurs fautes, & les cala-
» mités de la Nation. *Pag.* 85.

» Le Tiers-Etat, ce Corps le plus refpec-
» table de tous, ce Corps, où réfide réelle-
» ment la toute-puiffance, ce Corps qui foutient
» l'Etat, qui eft réellement la Nation, tandis
» que les autres ne font que des dépendances,
» étonné de fa nouvelle exiftence, encore
» effrayé par le fouvenir de fes maux, parut,
» aux Etats de 1314, timide, foumis; mais
» n'importe, il y parut enfin : fa feule exif-
» tence devoit faire toute fa force ». *Pag.* 93.

Nous pourrions donner cent autres preuves de ces atteintes portées à la plus haute Nobleffe, à tous les Officiers de la Couronne, à tous les fujets zélés pour la défenfe de l'autorité fouveraine. Nous en avons dit affez pour ranger notre Comte dans la claffe de ces Auteurs, dont parle le Mémoire préfenté au Roi, dans qui l'éloquence, l'art d'écrire, dépourvus de connoiffance & de jugement, femblent des titres fuffifans pour régler la conftitution des Empires. Nous venons de le voir imputer, en général, à tous les Grands du Royaume, des fautes dont quelques-uns feulement fe font rendus coupables, préfenter le Tiers-Etat dans ces fiecles où il n'étoit pas regardé comme faifant partie de la Nation, comme en étant le Corps le plus

respectable, en qui résidoit réellement la toute-
puissance , & de qui la haute Noblesse & le
Clergé lui - même n'étoient que les dépendances , &c.

§. V I.

Atteintes portées à la constitution de notre Monarchie.

C'EST à ce dernier terme qu'aboutissent
toutes les atteintes dont nous venons de parler.
Les Princes n'ont pas pu dissimuler l'effroi
que leur inspiroient les prétentions du Tiers-
Etat. Ses Protecteurs les ont publiées dans le
plus grand détail ; & la hardiesse avec laquelle ils exposent leurs grands desseins ,
prouve qu'ils font capables d'entreprendre
& d'exécuter les plus funestes révolutions
dans cet Empire.

C'est à la Nation Françoise qu'un de ces
Ecrivains adresse le plan qu'il a tracé , pour
changer la constitution de notre Monarchie :
« Une gloire infiniment préférable à toutes
» les autres, *dit-il* , vous est réservée, celle
» de vous réformer vous-mêmes , & de per-
» fectionner votre Gouvernement. Mais songez,
» avant tout, que *vous n'avez jamais eu de conf-*
» *titution ;* que *vous devez en établir une* , &
» que c'est par cet ouvrage que vous devez

» commencer, parce que, fans conftitution,
» il ne peut pas exifter de bon Gouvernement.

» Tant que la forme verfatile & arbitraire
» de votre Adminiftration fubfiftera , tant
» qu'il fera permis aux Miniftres, à qui vos
» intérêts font paffagérement confiés, de bou-
» leverfer l'ordre établi avant eux, de changer,
» modifier, ou abréger les Loix & les ré-
» glemens faits par leurs prédéceffeurs, tous
» vos efforts, pour corriger les abus, & pour
» améliorer votre fituation, feront inutiles &
» fans effet durable.

» Ne perdez donc pas de vue, que l'unique
» barriere à oppofer aux variations conti-
» nuelles, aux attentats du crédit & de la
» faveur, eft une conftitution fixe & immua-
» ble, & qu'il dépend de vous aujourd'hui ,
» uniquement, de l'établir. Oh ! combien les
» générations futures auroient de reproches
» à vous faire, fi vous laiffiez échapper une
» auffi belle occafion d'affurer leur bonheur
» & le vôtre !

» De toutes les Nations de l'Europe, vous
» êtes la feule qui foyez au degré de matu-
» rité néceffaire, pour recevoir le bienfait
» inappréciable d'une liberté réglée par des
» Loix juftes, & d'une reftauration entiere,
» fans violence, fans effufion de fang, fans
» convulfions, par la force de la raifon. &

» de la vérité feules. Les Repréfentans de vingt-
» quatre millions d'hommes vont être con-
» voqués pour délibérer fur leurs intérêts,
» & pour fixer la conftitution du plus puiffant
» Royaume qui ait exifté. *Pag.* 7, 8 & 9.

» La forme vicieufe du Gouvernement ac-
» tuel ne peut plus fubfifter. La Nation a
» droit de confentir, non-feulement aux Loix
» de l'impôt, mais encore à toutes les Loix
» fans exception.

» La Légiflation doit être divifée en trois
» branches ; la conftitution convenable à la
» France doit être celle du triple pouvoir
» légiflatif.

» Les Etats-Généraux doivent être convo-
qués annuellement.

» La compofition des Etats-Généraux, &
» la forme des Elections doivent être telles
» qu'il y ait une balance parfaite entre les
» Ordres.

» Cette balance n'aura jamais lieu, fi les
» Ordres ne font pas divifés en deux cham-
» bres.

» Toutes les Loix doivent être faites dans
» les Etats-Généraux. Avouons que nos peres
» n'ont jamais bien connu, ni leurs propres
» droits, ni les limites de l'autorité Royale ;
» que ce Royaume n'a jamais eu & n'a
» point encore de conftitution ; que la forme

» de fon Gouvernement n'a jamais ceffé de
» varier , au gré des Rois & de leurs Mi-
» niftres ; que des demi-réformes & des palliatifs
» ne feroient qu'aggraver les maux , & éternifer
» les abus ; que la réforme doit être complette ,
» & qu'elle doit porter fur toutes les parties
» de l'Adminiftration ; mais que ces grands
» changemens ne peuvent être que l'ouvrage
» des Etats-Généraux.

» Ce ne font pas les Peuples mal gouvernés
» que nous devons prendre pour modeles ; à
» peine , dans l'Univers , pouvons-nous citer
» trois Nations dont le Gouvernement foit
» fondé fur la juftice & la raifon : les Suiffes,
» l'Angleterre & les Etats-Unis de l'Amérique.

» L'imagination fe refufe à calculer les
» degrés de grandeur & de gloire , où la
» France peut parvenir un jour , fi elle eft
» affez fage pour adopter un Gouvernement
» femblable à celui d'Angleterre. On ne man-
» quera pas de dire que cette efpece de Gou-
» vernement ne convient pas à la conftitu-
» tion du Royaume , & qu'il y cauferoit un
» bouleverfement univerfel. Craintes exa-
» gérées ! Terreurs imaginaires ! Nous avons
» déja démontré que la France n'avoit jamais
» eu de conftitution. Puifqu'enfin il eft né-
» céffaire de lui en donner une , ce doit être
» fans doute celle que l'opinion générale &

» une

» une longue expérience font regarder comme » la meilleure (1) ».

Un feul & même Auteur a publié ce vafte & nouveau plan. Tous les autres fauteurs du peuple tendent au même but ; mais ils choififfent des routes bien différentes. Nous n'avons rapporté tous ces textes que pour démontrer combien les alarmes , les plaintes , les repréfentations de ces grands Princes font fondées. Comme eux , nous y découvrons le plus trifte avenir ; nous y voyons des difcuffions les plus violentes , des fciffions inévitables. Le Tiers-État, qui eft près d'obtenir une fupériorité par le nombre de fes propres fuffrages , fe trouvera puni de fes fuccès par fes propres variations. Chacun des Ordres , jaloux & irrité , fe trouvera tantôt oppreffeur , tantôt opprimé ; la conftitution corrompue & vacillante ; la Nation toujours divifée , & dès-lors toujours foible & malheureufe.

Les folles prétentions , les menfonges , les contradictions , les abfurdités de tous ces Auteurs , feront pleinement réfutées dans les Chapitres qui vont fuivre.

----

(1) Brochure intitulée : *A la Nation Françoife*. Pag. 9 & fuiv.

CHAPITRE II.

Fondemens de la Puissance Civile & de l'Autorité Souveraine.

CES Auteurs qui se font un plaisir d'exciter des troubles dans ce Royaume, & d'y allumer le feu de la sédition, sont des philosophes de ce siecle ; ils ne daignent pas fixer leurs regards sur ces bases solides, sur lesquelles ont été élevées toutes les puissances de la terre. Ils ne connoissent point d'autre maître que l'homme. Ils ne l'envisagent que du côté de ces penchans déréglés qui lui font desirer la plus grande indépendance & la plus généreuse liberté. *Jusques à quand*, leur disoit un saint Roi, *porterez-vous des jugemens aussi iniques, & affecterez-vous de vous revêtir de tous les dehors du crime ? vous vous croyez des Dieux, & vous n'êtes pas seulement des hommes ; vous n'en avez pas les lumieres. C'est parce que vous marchez dans l'obscurité, & que vous répandez par-tout les plus grandes ténebres, que tous les fondemens de la terre vont être ébranlés* (1).

______

(1) *Usquequò judicatis iniquitatem & facies peccatorum sumitis. Nescierunt, neque intellexerunt : in tenebris ambu-*

(35)

Vous ne connoiſſez pas cet être que vous oſez déclarer libre & indépendant ; s'il naît dans une famille , s'il entre en ſociété , s'il embraſſe une Religion quelconque , s'il pro-feſſe le Chriſtianiſme , s'il devient membre d'un grand Royaume qui a des Loix établies & une couronne ancienne , il ſe trouve né-ceſſairement dans la plus grande dépendance. Les Loix de la Nature , les Loix de la Société , les Loix de la Religion , les Loix du Chriſtia-niſme , les Loix fondamentales d'un Etat , l'ancienne poſſeſſion d'un Monarque , voilà les vrais fondemens de l'autorité ſouveraine , à laquelle tout homme ſe trouve néceſſairement ſoumis & qu'il n'eſt pas poſſible d'abjurer.

§ Ier.

Premier fondement. Les Loix de la Nature.

L E S Loix naturelles , apperçues ſous un faux jour , ſont l'unique fondement de toutes ces erreurs , de tous ces déſordres qu'on s'ef-force d'introduire dans la ſociété.

« L'homme eſt né libre , dit le Comte » d'Ant * * * , jamais l'Etre éternel qui le créa , » n'avilit lui-même ſon ouvrage , en ſoumettant

---

lant ; *movebuntur omnia fundamenta terræ. Ego dixi : Dii eſtis....* David, Pſal. 81.

» l'homme à son semblable. Il voulut que
» l'être heureux né loin des fers des sociétés,
» au milieu des pays déserts & sauvages,
» conservât toute son indépendance, n'obéît
» jamais qu'à lui même, & fermât les yeux sur
» le sol qui le vit naître, sans les avoir jamais
» souillés en les fixant sur un maître. *Pag* 8.

 » Chacun de nous , *dit un nouvel Auteur*, est
» naturellement libre ; aucun ne l'est ni plus ni
» moins que les autres ; que dis-je ? nous naissons
» tous, non-seulement dans une indépendance
» réciproque, mais dans une indépendance
» absolue. . . . Nous devons, de plus en plus,
» en jouir dans toute sa plénitude (1) ». On
doit déja appercevoir les contradictions ren-
fermées dans tous ces textes.

 Il est vrai que l'homme considéré en l'air,
sans aucun rapport à son existence, ni à sa
maniere d'exister, ne présente aucun titre ni
pour sa liberté, ni contre sa liberté. Avant
d'exister, il ne peut être ni souverain, ni
sujet, ni esclave, ni tyran. Mais ces consi-
dérations abstraites ne nous donnent pas une
notion véritable de ce que devient l'homme
lorsqu'il existe. Si nous l'envisageons tel qu'il
se trouve après sa naissance, nous ne con-

---

(1) Théorie des Etats-Généraux. *Pag.* 117.

noiſſons point d'animal qui ſe ſoit jamais
trouvé dans une plus grande dépendance.

On veut nous le faire conſidérer dans ces
vaſtes forêts, dans ces déſerts, où nos philoſophes le font paroître ſeul, iſolé, ſéparé de
tous ſes ſemblables. Alors, il ne peut pas être
dépendant de ces hommes qu'il ne connoît
point, & dont il ne peut pas être connu. Mais
là, comme ailleurs, il ſe trouve obligé, malgré
lui, d'obéir à la voix de la Nature, de ſuivre
cet inſtinct qui le domine, de s'aimer ſoi-même,
d'éloigner tous les obſtacles qui l'arrêtent,
d'éviter tous les dangers qui menacent ſes
jours, de ſe délivrer de ces bêtes féroces qui
en veulent à ſa vie, de cultiver la terre,
d'en cueillir les fruits, de pourvoir à ſes
beſoins; il a, comme tous ſes ſemblables,
la liberté de choiſir entre les routes qui lui
ſont ouvertes, entre les alimens qui ſe pré-
ſentent, entre les actions qui lui ſont per-
miſes. Mais quoiqu'il puiſſe attenter à ſes jours,
négliger ſa ſanté, il ne lui eſt pas permis de
réſiſter à ces penchans naturels qui partent
de l'amour légitime de lui - même, qui eſt
la baſe de tout le droit de la Nature. Il ne
jouit donc pas même, dans la plus grande
ſolitude de cette pleine liberté, de cette indépendance abſolue qu'on lui donne pour le
premier titre de tous ſes droits.

C 3

Mais fi nous envifageons l'homme dans cette pofition, où il s'eft toujours préfenté & fe préfente encore à nous, entre les mains & dans la compagnie de ces perfonnes qui ont concouru à lui donner le jour, fon état eft bien différent. Les ennemis de notre Monarchie difent : *Nous naiffons tous dans l'indépendance la plus abfolue ;* & nous, nous difons : *Nous naiffons tous dans la plus grande dépendance, dans l'afferviffement le plus honteux.* Les cris d'un enfant qui vient de naître, fes gémiffemens, fes geftes, fes plaintes en font la démonftration la plus complette. Avant même qu'il ait reçu l'ufage de fa raifon, nous le voyons forcé de fe foumettre à l'inftinct de fa nature. Si nous confidérons les befoins de fon corps, fa foibleffe, fes infirmités, fes douleurs, fes néceffités, nous fommes touchés nous-mêmes de fes malheurs. Si nous l'envifageons du côté des befoins de fon ame, auffi - tôt qu'il commence à les connoître, nous déplorons fon aveuglement, fes erreurs ; &, lorfqu'il manque à refpecter la vérité, la juftice, les bienféances, nous le voyons puni, réprimandé par fa propre confcience. Si nous le confidérons entre les mains de fes parens, dont il a reçu la vie, nous voyons d'abord cet inftinct précieux qui incline fon cœur, qui l'attache, qui le foumet à fes peres, avant même qu'il connoiſſe les vrais principes de ſa dépendance. Les ſecours qu'il en reçoit tous les jours augmentent ſon amour, & le rendent plus obéiſſant. A meſure qu'il connoît ces liens ſi étroits, qui l'attachent à ſa famille, ſa ſoumiſſion augmente dans la même proportion. S'il venoit à connoître le premier de leurs peres, le plus grand de leurs maîtres, ſes ſentimens, en s'étendant, deviendroient encore plus reſpectueux. Il ne manque pas de s'élever de l'amour de lui-même à l'amour de ſon pere, de l'amour de ſon pere à l'amour de toute ſa famille, du reſpect pour ceux de la famille de qui il dépend, au reſpect pour tous ceux qu'on lui a donnés pour maîtres, ou qu'il voit dominer ſur tous ſes parens. Voilà la marche que ſuit la Nature, pour former l'homme & le rendre dépendant de ſes ſemblables. Ces habitudes naturelles ſe fortifient tous les jours ; les exemples des perſonnes de notre ſang & de nos citoyens qui ſe font un honneur d'être ſoumis & dépendans de leurs maîtres, nous affermiſſent dans l'obéiſſance. Toute révolte contre nos ſupérieurs nous devient odieuſe. Voilà les divers degrés par leſquels la Nature nous aſſujettit & nous fait aimer la dépendance. C'eſt d'après les ſentimens que nous éprouvons nous-mêmes, d'après les faits que nous voyons tous les jours fous nos yeux, que nous affirmons que l'homme eft né pour obéir à fes maîtres. Cet inftinct qui nous foumet, la raifon elle-même qui commande l'obéiffance & qui nous la rend aimai.'e, font la premiere fource, le premier fonuement de l'obéiffance que nous devons en général à toutes les autorités légitimes.

Il eft vrai que, dans quelques mauvais fujets, un penchant déréglé les porte quelquefois à la révolte ; mais ce penchant part-il de l'amour légitime de nous-mêmes ? peut-il s'accorder avec toutes ces inclinations qui nous entraînent à l'obéiffance ? a-t-on jamais entendu dire à un enfant que c'eft lui qui a confié à fon pere les droits qu'il exerce fur lui, qu'il peut lui réfifter fans crime, s'emparer de fon autorité pour fe l'affujettir ? ne le regarderoit - on pas comme un de ces monftres que la Nature produit quelquefois dans ces égaremens ?

Ofer affirmer *que nous naiffons tous dans l'indépendance la plus abfolue, que nous devons en jouir dans toute fa plénitude ;* c'eft un menfonge groffier, dont notre confcience, notre expérience, nous démontrent la témérité. Quelle folie de publier que Dieu lui-même n'a pas voulu *avilir fon ouvrage, jufqu'à le foumettre à fon femblable ;* que *l'homme n'eft heureux que loin des fers, des sociétés; que l'Etre éternel a voulu qu'il conservât son indépendance, qu'il fermât les yeux sur le sol qu'il habite, & qu'il lui a défendu de les fouiller, en fixant ses regards sur tous ceux qui se disent ses maîtres.* C'est là, cependant, le principe unique sur lequel porte le système de tous ces brouillons qui veulent renverser notre Monarchie.

§. I I.

Second fondement. Les Loix de la Société.

CONTINUONS de suivre ces douces impressions de la Nature, qui préparent l'homme à l'obéissance & le déterminent à se rendre dépendant des Puissances de la terre. Entré dans une grande Société, il comprend d'abord que l'autorité paternelle ne suffit pas pour mettre l'ordre & établir la paix dans un aussi grand nombre de familles; qu'elles ont besoin d'un chef qui préside à tous ces différens corps qui composent l'Etat. L'exemple de tous les bons Citoyens le détermine à respecter ses pouvoirs & à observer ses Loix. Sous le gouvernement d'un Roi sage & bienfaisant, il se plaît à lui donner des preuves de son attachement; il ne pense pas seulement à douter de sa puissance. Sous un ministere

dur & tyrannique , l'obéiſſance lui coûte ;
il s'éleve, dans ſon cœur, des mouvemens de
ſenſibilité & d'averſion ; mais lorſqu'il y
réfléchit , dans ſes malheurs mêmes , il trouve
encore des motifs de déférer aux abus mêmes
du pouvoir ſouverain. Tous les hommes ſont
capables de donner dans des travers ; & c'eſt
préciſément ce qui rend néceſſaire dans la
ſociété , un chef revêtu d'un pouvoir ſuprême.

Si tous les Citoyens étoient incapables de
donner dans l'erreur , de ſe laiſſer entraîner
par leurs paſſions, les Loix de la nature auroient
ſuffi pour rendre heureux tous les membres
de la ſociété. Tous les hommes , ſur la terre ,
n'auroient formé qu'une même famille ; & une
autorité ſuprême n'auroit pas été néceſſaire
pour procurer ſon bonheur. Mais par malheur , tous les êtres raiſonnables ne le ſont
pas toujours. Ils donnent preſque tous dans
des égaremens aſſez étranges ; on apperçoit
dans les uns l'ignorance , le défaut de jugement, des préjugés, l'orgueil, l'ambition , la
colere, tous les vices ; dans les autres, on
remarque aſſez ſouvent le menſonge & la
calomnie, le dol & la fraude, l'eſcroquerie
& le vol , les haines , les violences , les
meurtres. Ces ſujets , vicieux & injuſtes ,
troublent la paix de la ſociété , y introduiſent

les défordres, & rendent l'autorité fouveraine abfolument néceffaire, pour éviter ces malheurs & réprimer tous les crimes.

Ce n'eft donc pas feulement dans les vues ambitieufes des conquérans, ni dans les cruautés des defpotes qu'on doit chercher l'établiffement de leurs puiffances; ce n'eft ni dans la nature de la fociété, ni dans la conftitution phyfique de l'homme, ni dans les befoins de fon corps, ni dans un choix libre des fujets, qu'on trouve les fources de la Monarchie; c'eft dans les difpofitions équivoques & variantes de notre cœur, dans les égaremens de notre efprit, dans les abus de fes lumieres, dans la vivacité de fes paffions, dans les befoins extrêmes de la fociété, qu'il faut chercher l'origine des puiffances civiles. Si l'homme fe trouve aujourd'hui foumis, malgré lui, à une autorité fupérieure, il doit imputer cette forte d'efclavage, à la légéreté de fon efprit, à la perverfité de fon cœur; c'eft fon inconduite, & celle de fes femblables qui ont rendu néceffaires & indifpenfables les chaînes dont il fent aujourd'hui la pefanteur.

Cette autorité doit être exercée avec la plus grande prudence, la plus haute fageffe, puifqu'elle n'a été établie que pour fuppléer au défaut de lumiere & de droiture de la part des sujets ; elle doit être revêtue de toutes les forces de l'Etat, puisque les mauvais sujets ne manqueroient pas de la fouler aux pieds, s'ils avoient des forces suffisantes à lui opposer ; elle doit être unique, afin de dicter les mêmes Loix, de prononcer les mêmes jugemens, d'infliger les mêmes peines aux mêmes crimes. La société n'en seroit pas une, si la puissance qui la gouverne n'étoit pas unique. Mais il est bien plus avantageux de la voir confiée à une seule personne, qui a toujours les mêmes vues, que de la diviser entre plusieurs grands dont les intérêts sont si différens, que de la voir partagée également entre tous les sujets. C'est une vraie folie que de prétendre qu'elle réside toute entiere dans les mains de de ces hommes ignorans, sans conduite, pendant qu'elle n'a été élevée au-dessus d'eux, que pour remédier aux égaremens de leur raison & aux désordres de leur vie.

M. le Comte d'Ant * * * ne veut pas permettre à l'Etre éternel de rendre *l'homme dépendant de ses semblables*. « Sans doute, dit-il, » il exigea & sanctionna le sacrifice de cette » indépendance sans limites, pour ceux qu'il » appella à se réunir à la société ; mais il la » remplaça par une autre toute aussi sacrée ; » il soumit l'homme à la Loi, & ne le soumit » jamais qu'à elle ». *Pag.* 8.

Sans doute, il parle ici de la Loi de nature ; elle suffiroit, en effet, pour le bonheur de la société, si l'homme étoit incapable de jamais l'enfreindre. Mais si elle peut être impunément violée, elle devient nulle. Or, une Loi séparée du Légiflateur peut être violée impunément. *La Loi*, dit Cicéron, *est un Magiftrat muet*. « L'honnête citoyen la respecte, » mais le citoyen féditieux & rebelle cherche » à enfreindre ses commandemens : le fou- » verain Magiftrat a de plus grandes préro- » gatives ; il est une Loi vivante, parlante, » agiffante, qui nous inftruit, qui nous preffe, » qui nous menace, qui nous contraint, qui » nous enleve tous les prétextes par lefquels » nous voudrions autorifer notre défobéiffance » & nos infidélités (1) ».

C'est donc fur les infractions trop ordinaires de la Loi, fur le filence de *ce Magiftrat muet*, qu'est fondée la néceffité d'un Magiftrat fou- verain & l'autorité d'une Loi vivante ; une Loi morte ne fuffiroit jamais pour tenir dans l'ordre tous ces citoyens qui fe font un plaifir de la violer.

----

(1) *De la Raifon dans l'Homme.* Tom. V. p. 202.

§. I I I.

Troifieme fondement. Les Loix Religieufes.

Au premier moment où l'homme a réfléchi fur fon origine, ou qu'il a entendu parler d'un Dieu créateur de l'univers ; fes fentimens fe font développés, fes connoiffances fe font étendues : le même penchant qui le porte à l'amour de foi, l'incline avec bien plus de force vers fon Dieu. Nous ne le voyons pas ; mais nous ne nous voyons pas nous-mêmes, difoit Cicéron : *Notre corps qui fe préfente à nous, n'eft pas nous ;* les actes de notre efprit, que nous fentons feulement, fuffifent pour nous convaincre de notre propre exiftence ; mais ces actes invifibles, comme tous les mouvemens de la nature, ne peuvent partir que de Dieu ; & nous pouvons encore moins douter de l'exiftence de cette premiere caufe, que de l'exiftence & de l'activité de notre ame.

En fixant notre attention fur ce premier principe de notre être, nous y appercevons la fource de toutes nos facultés, l'arbitre de notre fort, le juge de toutes nos actions, le rénumérateur de toutes les vertus, le maître de l'univers, d'où toutes les puiffances de la terre tirent leurs droits, leur autorité. Notre esprit ne peut pas nous fournir toutes ces grandes images ; mais ces nobles sentimens , par l'instinct même de la Nature, dominent sur tous les cœurs honnêtes.

Avant la révélation de Jésus - Christ , au milieu de ces profondes ténebres , où les païens se trouvoient plongés, ces grandes opinions avoient leurs cours : toute la terre étoit couverte d'idoles ; mais ces idoles , elles-mêmes , ne devoient leur existence qu'à la persuasion intime de l'existence du vrai Dieu. On en avoit défiguré l'image ; mais, dans la vérité, c'étoit au pere, au maître de tous ces faux Dieux, que tendoient les hommages qu'on leur offroit. La société se faisoit un devoir de leur rendre un culte solemnel, public, & de faire respecter leurs puissances , & ils ont souvent puni de l'exil, de la mort même, ces philosophes qui osoient professer l'impiété.

Comme nous, ils respectoient la providence du maître des Dieux, & ils se persuadoient que les puissances qui régnoient sur la terre , étoient des émanations de celle qui réside dans le ciel. « Les Souverains qui dominent sur » nous , *disoit Cicéron, ont le pouvoir de porter* » *des Loix ;* par la Loi, j'entends l'Empire & » le commandement. Sans cette autorité sou- » veraine , il n'est aucune famille , aucune

» ville, aucun peuple, aucune Nation, qui
» puiſſe ſe conſerver, ſe ſoutenir. Le genre
» humain périroit bientôt, s'il n'avoit pas un
» maître en état de ſe faire obéir & reſpec-
» ter ». Cet empire, ce commandement,
peut-il avoir d'autre fondement que la puiſſance de ce Dieu, qui pourvoit au beſoin &
procure le bonheur de tous les peuples de
toutes les Nations ? Tels ſont les principes que
dictoit, même aux idolâtres, le droit naturel
& religieux. Il les inſpire encore à l'Idolatrie,
au Mahométiſme, de nos jours. L'impiété,
aujourd'hui, infecte tous les royaumes ; mais
nous n'en connoiſſons point encore où l'A-
théiſme domine, & où les ames religieuſes
ne regardent point le reſpect & l'obéiſſance
dus à ceux qui regnent ſur eux, comme une
ſorte de reſpect & d'obéiſſance due au maître
du ciel & de la terre.

Tous les peuples qui reconnoiſſent & adorent
le vrai Dieu, même indépendamment de la
révélation, ſe font honneur d'avoir les mêmes
ſentimens, mais bien mieux ſuivis & plus
concordans.

Soit que le Souverain ſoit monté de lui-
même ſur le trône, ſoit qu'il y ait été élevé
par le droit de ſa naiſſance, ſoit qu'il ait
été élu par les ſuffrages de la Nation, dès
qu'il a été reconnu pour le chef de la Société,

il

il tient toute fon autorité , non pas de la volonté, encore moins de l'autorité de fes fujets, mais du haut rang où il fe trouve élevé. Les places éminentes ont été formées par la providence de Dieu, pour le bonheur de tous ceux qui y font foumis. L'Etre fuprême eft le feul qui ait pu y attacher une partie de fes droits. Le Souverain le repréfente , il exerce fon autorité , il eft fon Miniftre, chargé d'exercer fes fonctions, & de partager avec lui la gloire de contribuer au bonheur de toute la fociété.

Un pouvoir vraiment fouverain ne peut pas fortir d'une autre fource ; s'il partoit d'un peuple foible , qui a toujours été dépendant, d'une troupe de repréfentans, qui fe réfervent le pouvoir de le modifier, de le reftreindre & de s'emparer, lorfqu'il lui plaira , de tous fes droits ; cette autorité ne feroit rien moins que fouveraine. C'eft ce droit religieux qui donne aux Loix naturelles , aux Loix fociales toute leur force ; s'il n'exiftoit aucun Dieu , toutes ces Loix feroient impunément violées. Voilà ces grandes vérités que la Religion infpire à tous ceux qui la connoiffent, avant même qu'ils fe foient foumis à la révélation ; & les puiffances civiles ne peuvent être fouverainement refpectables , que lorfqu'on les envifage fous ce point de vue, qui interdit

D

généralement toute entreprise, toute révolte contre elles. C'eſt pour les avilir & les dé-grader que nos philoſophes refuſent de les préſenter ſous ce beau jour. Quand même ils auroient quelques prétextes pour ſe refuſer aux vérités révélées, ils devroient admettre ces grands principes naturels : *Des inſtitutions auſſi ſacrées*, comme le diſent nos illuſtres Princes, *par leſquelles notre Monarchie a proſpéré pendant tant de ſiecles, devroient-elles être converties en queſtions problématiques, & même décriées comme des injuſtices ?*

§. I V.

Quatrieme fondement. Les Loix de la Révélation.

LA Religion révélée eſt ſi étroitement unie avec l'autorité du Souverain, qu'on n'a jamais vu un vrai Chrétien ſoulevé contre ſon Roi, & jamais un Citoyen rebelle fidele aux Loix de la Religion. Tous ces écrivains qui, par leurs écrits, ſement les germes de la ſédition, ſe font un devoir d'inſpirer le plus grand mépris pour la Religion Chrétienne. Ils la confondent avec la ſuperſtition, & ils en rapportent l'origine ſeulement aux malheurs dont les peuples anciens ſe ſont trouvés accablés.

« Dès que le peuple eſt malheureux, *dit*

(51)

» *le Comte d'Ant* * * * , il devient fuperftitieux ;
» & fes fuperftitions font cruelles & fombres.

» A cette époque (*de l'hérédité des fiefs & de*
» *la Nobleffe*) naquirent auffi les plus effrayantes
» croyances ; des ames énervées par le malheur
» s'en imburent fans réfiftance.

» L'autorité des Papes en profita ; elle vint
» combler les maux qui couvroient la terre,
» par l'exiftence d'une puiffance à-la-fois
» religieufe & temporelle, qui, fans bafe,
» fans aucun autre appui que l'opinion, alarma
» toutes les confciences, les remplit de terreur,
» d'illufions & d'incertitudes ». *Pag.* 79.

Quels menfonges ! quelles calomnies ! Eft-ce
que la Religion Chrétienne ne s'eft montrée
en France, que fous la feconde race de nos
Rois ? n'a-t-elle donc pas précédé l'arrivée
des Francs ? n'eft-ce pas elle qui s'eft foumis
le premier de nos Rois ? nos premiers Pafteurs
n'ont-ils pas joui de fa confiance, & pris
dès-lors le rang qu'ils occupent aujourd'hui ?

Exifte-t-il des faits plus conftans, plus
notoires, dans toute l'hiftoire, que ceux qui
démontrent l'authenticité & la vérité de la
révélation ? pourquoi donc l'appeller une
opinion fans aucune bafe, fans aucun appui ?

Ce n'eft pas ici le lieu d'en rapporter les
preuves ; fût-elle une fimple opinion, on
devroit la préférer à toutes les autres. Ses

dogmes , ſes préceptes , s'accordent parfaitement avec ceux que nous enſeignent , &
l'inſtinct de la Nature , & la lumiere de la
Raiſon , & la Religion naturelle. C'eſt elle
qui nous fournit les motifs les plus puiſſans ,
pour nous faire reſpecter les puiſſances civiles ,
& qui nous donne le plus grand courage
pour ſouffrir avec patience les abus de leur
autorité. Ses leçons ne ſont donc pas , comme
on l'avance , *& cruelles & ſombres , & remplies
de terreurs & d'illuſions ?*

La révélation nous repréſente l'homme ,
non pas comme un être indépendant par ſa
nature , mais comme un être foible , miſérable ,
dépendant dès ſa naiſſance , quelquefois livré
à des inclinations perverſes , entraíné par des
paſſions fougueuſes , capable de mettre les plus
grands troubles dans la ſociété , s'il n'exiſtoit
pas une autorité ſuprême pour le contenir
dans les bornes de la vertu & de la juſtice.
Notre expérience , notre propre conſcience ,
ne nous rend-elle pas un témoignage éclatant
de tous ces faits ?

La révélation des Juifs nous développe les
effets de la providence de Dieu ſur ce peuple
qu'il avoit choiſi. C'eſt Dieu qui préſide a
cette ſociété ; s'il lui permet de ſe choiſir un
Roi , il fait tomber tous les ſuffrages de ce
peuple ſur la perſonne qu'il avoit élue lui-

même. Il la remplace par un ferviteur plus fidele, il répand lui-même fur fa tête l'huile fainte qui le confacre, il l'appuie de fon bras tout-puiffant, il le délivre de tous fes ennemis : dans quelques-uns de fes fuccefleurs, il punit leurs crimes, leurs infidélités ; mais, de temps-en-temps, pour réparer les dommages qu'ils ont caufés à leur fociété, il fufcite des Rois pieux & fideles, bons & fages, & il les foutient par fa protection. Enfin, pour faire con-noître à toute la terre la part qu'il a dans tous ces gouvernemens, il nous enfeigne que *c'eft par fon autorité que tous les Rois regnent fur leurs peuples, & que c'eft par fes lumieres que toutes les puiffances qui leur font fubordonnées, obfervent, dans leur conduite, les regles de la juftice* (1). Des Rois préfentés fous ce rapport qu'ils ont avec un Dieu qui les furveille, qui punit leurs crimes & récompenfe leurs vertus, ne font-ils pas infiniment plus grands, plus ref-pectables, que tous ces petits Souverains qui ont reçu, feulement de leurs fujets, un fimple pouvoir exécutif, qui peut, à tout moment, leur être enlevé ?

La révélation de Jéfus-Chrift ajoute encore à toutes ces grandes idées de la fouveraineté. C'eft lui qui eft le véritable Roi des Rois,

____

(1) *Per me Reges regnant, & potentes jufta decernunt.*

le chef de toutes les puiffances & des principautés.
Pour nous donner une jufte notion de l'obéiffance qui leur eft due, il fe foumet lui-même
à une Nation conquérante; il paie à Céfar
le tribut qui lui eft dû, & il ordonne à tous
fes fideles de s'acquitter, à fon égard, de
tous les devoirs qui leur feront impofés (1).

Ses Apôtres nous font fentir l'importance
de ces obligations fi étroites. *Toutes les puiffances de la terre, fes ennemis mêmes, ont été
établies par Dieu lui-même. Tous ceux qui ofent
leur réfifter, réfiftent à l'ordre de Dieu, &, par-là,
ils s'expofent à une éternelle damnation.*

Le chef de fon Eglife nous ordonne d'être
foumis, non-feulement au Souverain lui-
même, mais à toutes les perfonnes à qui il
aura confié une partie de fon autorité. Il
veut que notre obéiffance parte, *non pas de
la crainte des châtimens qu'il peut nous infliger,
mais des fentimens religieux que notre confcience
nous infpire, & du refpect que nous devons à Dieu
même,* qui eft le principe véritable de la fouveraineté. Cette fublime doctrine a toujours été
enfeignée, pratiquée dans l'Eglife de Jéfus-
Chrift. Elle a toujours donné les plus beaux
exemples de cette foumiffion; peut-on foup-
çonner la puiffance religieufe de vouloir
s'emparer de la puiffance temporelle; elle qui

____

(1) *Reddite Cæfari, quæ funt Cæfari.*

s'eſt fait toujours un devoir de la défendre, de la
protéger ; elle qui, pour conſerver les intérêts
de Dieu même , ne s'eſt réſervée que le pouvoir & l'obligation de devenir la victime des
plus grandes injuſtices , & qui ordonne même
aujourd'hui à tous ſes enfans de ſacrifier leur
liberté, leurs biens , leur vie même , plutôt
que de laiſſer échapper le moindre deſir de
révolte , ou d'employer la force pour ſe fouſtraire à l'autorité ?

C'eſt ce grand courage , dont la Religion
Chrétienne nous fait un devoir , qui la rend
ſi odieuſe à tous ces philoſophes , qui veulent
s'emparer de l'autorité des Souverains. S'il
arrivoit , ce qu'à Dieu ne plaiſe , que quelques-uns de nos Monarques entraſſent dans
ces vues perverſes , ils verroient bientôt
paſſer leur ſceptre dans les mains de leurs
ſujets, & le glaive qu'ils ont reçu de Dieu
même ſerviroit pour porter les coups les plus
mortels , & à leurs perſonnes , & à leur Monarchie.

L'inſtinct de la Nature, les lumieres de la
Raiſon , les beſoins de la Société , forment,
avec la Religion naturelle & la Religion
révélée , le plus beau concert. Ces quatre
premiers fondemens ſe rapprochent les uns
des autres ; les liens qui les reſſerrent , ſont
indeſtructibles ; & , de leur réunion , il réſulte

un fondement inébranlable, fur lequel, pour devenir légitimes, toutes les puiſſances de la terre doivent s'appuyer. La politique, les arts, la littérature, le commerce, la navigation, les forces extérieures, font des moyens ou de réprimer les révoltes, ou de prévenir les troubles, ou de procurer le bonheur de l'Etat ; mais la Religion Chrétienne, ſa belle morale en font les vrais fondemens, & c'eſt à elle à régler les vues de la bonne politique, à préſider à tous les arts, & à diriger l'emploi & l'action de toutes les forces, de tous les pouvoirs du Souverain.

§. V.

Cinquieme fondement. Les Loix fondamentales
de l'Etat.

CES premiers fondemens, dont nous venons de parler, font communs à toutes les puiſfances fouveraines, qui méritent d'être reſpectées ; mais, dans les divers gouvernemens, l'autorité ſe trouve différemment placée.

Dans les Anarchies, on ne fait pas dans quelles mains elle exiſte. Tous les corps ſe la diſputent, & elle paſſe alternativement dans les mains de ceux qui ofent l'ufurper.

Dans les Démocraties, les repréſentans

nommés par le peuple, en font, pour un temps fixé, les dépofitaires.

Dans les Ariftocraties, les grands de l'Etat font élus fucceffivement pour l'exercer, pendant le temps qu'ils s'en trouveront revêtus.

Dans les Monarchies électives, elle réfide uniquement dans les mains du Souverain qu'une nouvelle élection a placé fur le trône.

Dans les Monarchies héréditaires, la fouveraineté eft attachée à une feule famille. Celui des defcendans qui en devient le chef, en eft reconnu pour le propriétaire. En France, fuivant la Loi Salique, les feuls mâles jouiffent de ce droit, toutes les perfonnes de l'autre fexe en font exclufes.

Les diverfes Loix qui donnent à chaque état leur conftitution, font appellées fondamentales, parce qu'elles partent du droit naturel, qui donne à tous les chefs de la fociété, l'autorité néceffaire pour le gouvernement, qui impofe à tous fes membres l'obligation d'ériger, au milieu d'eux, une Loi vivante, parlante, agiffante, c'eft-à-dire, une autorité fouveraine & indépendante, & leur donne le pouvoir de l'élire, lorfque le trône fe trouve vacant.

Enfin, les premieres Loix conftitutives que le Souverain porte pour fixer les bornes & l'étendue de fa puiffance, reçoivent un nouveau poids, une nouvelle force obligatoire, du consentement & de l'agrément des sujets qui s'y soumettent; parce que, encore qu'ils ne soient revêtus d'aucune portion de l'autorité légiflative, dès qu'ils ont reconnu la juftice, la fageffe de ces premieres Loix, & qu'ils fe font obligés eux-mêmes à leur obéir, ils n'ont plus aucun prétexte pour les violer ou s'y fouftraire. C'eft là ce qui rend ferme, inébranlable, indeftructible, la conftitution de tous les Etats.

La Monarchie eft le plus parfait de tous les Gouvernemens, le plus avantageux pour le peuple, le feul qui puiffe réuffir dans les grands Empires. Un feul homme qui préfide à fon Confeil, fe détermine bien plus facilement que douze perfonnes revêtues d'une autorité égale, qui peuvent s'arrêter, fe contredire.

Cette forme de Gouvernement a toujours prévalu en France. L'ancienne Angleterre, dit un Auteur célebre, fut partagée en douze Royaumes; l'Efpagne en eut au moins fept; l'Italie s'en paffe encore; l'Allemagne les repouffe; la Pologne élit fes Rois; le Nord préfente une République jaloufe, à côté d'un defpotifme avoué; mais *la France ne refpire & ne fe meut que par la Royauté.*

Le Monarque a fixé la fucceffion au trône;

la Nation a approuvé cette Loi, mais cette autorité dont ils ont déterminé le cours, ne vient point d'eux, & n'en dépend point : elle part de Dieu même. *Le Roi de France ne tient son pouvoir que de Dieu & de son épée : si veut le Roi, si veut la Loi. Tels sont,* disent nos Légistes , nos Jurisconsultes, *les maximes fondamentales de notre Monarchie* (1). On ose les contester aujourd'hui. Mais toutes les Loix , tous les commandemens, dans tous les siecles, sont toujours partis de la volonté du Monarque : ils ont toujours été publiés, exécutés sous son nom, & confiés uniquement à des Puissances intermédiaires subordonnées au Monarque, & érigées par lui seul. Le Code de nos Loix nous fournit la démonstration la plus complette de tous ces faits.

Il est vrai que cette autorité suprême a souffert de temps en temps quelques atteintes. On a vu en France, comme dans tous les autres Etats, des usurpations, des frondes, des ligues, des conjurations, des révoltes, des guerres civiles. Tous les Etats se trouvent exposés à de pareils échecs ; mais ces révolutions passageres ne changent point la consti-

---

(1) Voyez les Loix Civiles de Domat, les Loix Criminelles de M. Muyart de Vouglans , discours préliminaire, *pag.* 30.

titution du Royaume; jamais elles ne se sont élevées par une suite du vœu général de la Nation. Elles ont pu, dans de fâcheuses circonstances, former des nuages sur l'indépendance de l'autorité souveraine: mais ces nuages ont bientôt disparu; toutes ces révoltes ont été réprimées, & sous nos grands Monarques, ces commotions n'ont servi qu'à faire paroître leur pouvoir suprême dans un plus grand jour. Dans ces troubles séditieux, les vrais François se sont toujours réunis pour faire triompher l'autorité du Monarque.

L'Auteur anonyme, dont nous avons parlé, veut persuader *à la Nation Françoise*, que notre Monarchie n'a jamais eu une constitution fixe & invariable. Il soutient qu'elle a toujours été mêlée tantôt d'aristocratie, tantôt de démocratie. Il veut que nous regardions comme un vrai partage de l'autorité Royale, toutes ces révoltes, ces résistances injustes que la plus grande partie de la Nation regarda toujours comme des attentats : ils n'ont jamais fait oublier aux François ces maximes fondamentales sur lesquelles la puissance de tous nos Monarques a toujours été appuyée. Nous allons en donner encore de nouvelles preuves.

§. V I.

Sixieme fondement. L'ancienne poſſeſſion
& la preſcription.

LA feule poffeffion de nos Monarques fuffiroit pour mettre l'indépendance de leur autorité fouveraine à l'abri de tout doute. Le droit de prefcription eſt fondé fur l'intérêt public. Il a été établi par les Loix civiles, pour indiquer, même au défaut des titres, la perfonne du propriétaire, & pour fixer la nature des biens qui lui appartiennent.

Cette prefcription n'eſt qu'une poffeffion tranquille, ancienne & continuée fans interruption, pendant le temps requis par la Loi. La poffeffion fe continue, non-feulement dans une même perfonne, mais dans plufieurs qui fe fuivent : elle paffe du défunt à fon héritier ; & les années de tous les poffeffeurs, auxquels il fuccede, ne forment qu'un même terme pour le propriétaire exiſtant. Vingt années d'une poffeffion ainfi combinée & conſtante fuffifent pour affurer fes droits contre les chicanes qu'on pourroit élever, & même contre les titres authentiques qu'on pourroit préfenter.

L'autorité fouveraine de nos Monarques,

envifagée de ce côté par tous les François ,
auroit dû leur paroître inconteſtable. Jamais
il n'y eut de poſſeſſion plus ancienne , plus
ſuivie , moins interrompue , exercée par des
actes plus multipliés , plus éclatans , plus notoires ; & cette preuve ſi ſolide , ſi conſtante ,
eſt un titre d'autant plus manifeſte , que tous
les droits attachés à la ſouveraineté étant
impreſcriptibles , quand même l'intrigue , la
violence , la révolte ſe ſeroient emparés ,
pendant quelque temps , de quelques ap-
pendices de cette puiſſance , ils ne pourroient
pas être regardés comme en ayant été légitimement ſéparés , & devant en être aujourd'hui
détachés.

Tous les droits mêmes de nos premiers
Monarques , ont paſſé à la perſonne aujour-
d'hui régnante ; & elle peut regarder comme
ſes droits perſonnels , tous ceux dont les
premieres familles ont joui. Depuis Hugues-
Capet , juſqu'à Louis XVI , l'autorité ſouveraine eſt reſtée dans les mains d'un même
ſang. Elle a été exercée avec la plus grande
gloire , ſoutenue avec les plus grandes forces ,
reſpectée avec la plus humble ſoumiſſion ;
défendue avec le plus grand zele. Combien
de nobles guerriers ont fait trembler tous ſes
ennemis ! combien de ſages Miniſtres lui ont

attiré l'amour & l'eftime de tous fes fujets ? combien d'illuftres Rois ont ajouté à fes limites, à fes richeffes, à fa gloire ?

Louis VII, malgré la réfiftance des grands feudataires, procure au peuple la liberté de fe racheter de la fervitude de fes Seigneurs.

Louis IX, par de falutaires innovations, détruit la tyrannie féodale, & établit des tribunaux de juftice qui relevent de fon autorité.

Philippe - le - Bel donne un nouveau rang au Tiers-Etat, & éleve, à Paris, le premier Parlement fédentaire.

Louis XI va brufquement à la fource des réfiftances qu'il éprouve, & s'en garantit pour toujours.

Henri IV, malgré les vices de l'adminiftration intérieure de fon royaume, y rétablit l'ordre & y produit l'abondance.

Sous Louis XIV, la couronne eft portée par un Souverain digne, en tout, de cet augufte caractere. *L'obéiffance de fes fujets*, dit M. le Marquis d'Argenfon, *devient efclavage ; ils fe feroient tous dévoués pour lui, comme ceux du vieux de la Montagne.*

Louis XV fait triompher de tous les ennemis de la Patrie ; & fon autorité, dans l'intérieur du royaume, n'éprouve que de foibles & paffageres réfiftances.

« Le laps du temps , *dit le Marquis d'Ar-*
» *genfon* , a canonifé l'autorité monarchique ,
» telle que nous la voyons exercée dans la
» plupart des fouverainetés du monde ; la
» prefcription , fans laquelle tout ne feroit
» que difpute & confufion , y a mis le dernier
» fceau. Ainfi , n'examinons plus l'autorité
» fouveraine; d'après ces premiers principes ,
» refpectons ce que nos peres ont refpecté » .

C'eft ce premier coup d'œil , jetté fur l'ancienne poffeffion de la famille régnante , fur
les fervices que les grands Rois qu'elle nous
a donnés ont rendus à cet Etat , qui foumet
fes fujets , qui les attache , qui leur infpire
la fidélité la plus inviolable , avant même
qu'ils aient porté leurs regards fur les premiers fondemens de l'autorité.

Par quelle fatalité , un peuple qui a toujours été foumis , veut-il aujourd'hui ceffer
de l'être ? une Nation qui a toujours été
dévouée à la puiffance fouveraine , veut-elle
s'en emparer ? par quel excès d'aveuglement
ofe-t-elle fe dire propriétaire d'un pouvoir
fuprême qu'elle n'a jamais poffédé , & qu'elle
a toujours révéré dans la perfonne de nos
Monarques ? Cette funefte cataftrophe ne
peut s'expliquer que par ces égaremens affreux,
où , depuis plufieurs années , l'on s'efforce de
jetter toute la Nation. On a réuffi , jufqu'à
lui

lui faire oublier les Loix de la raiſon ; & ;
aujourd'hui, on lui préſente comme abſolument faux, les faits mêmes dont elle a toujours
été & eſt encore aujourd'hui le témoin.

Nous voilà retournés à ces temps malheureux, où tout ce royaume, occupé d'une
fauſſe politique, ne ſongeoit qu'à prendre les
armes pour s'emparer des Royaumes voiſins,
pour étendre ſon domaine, & dépouiller de
leurs droits tous les grands Seigneurs dont on
étoit jaloux. Aujourd'hui, les armes à la main,
le François oublie tous ſes devoirs, & ne
penſe plus qu'à s'élever, qu'à s'enrichir, qu'à
abaiſſer tous ceux qui tiennent quelque rang
au-deſſus de lui.

Que pouvions-nous oppoſer de plus fort à
ces folles extravagances, à cette inconſidé-
ration qui va cauſer tant de malheurs, que
les Loix de la Nature, de la Société, de la
Religion, les Loix fondamentales de cet Etat,
& de la preſcription ſur leſquelles l'autorité
qu'on attaque ſe trouve évidemment fondée.
C'eſt de l'enſemble de tous ces grands principes, que nous allons voir réſulter tous ces
droits éminens qui caractériſent la puiſſance
ſouveraine & qui en ſont inſéparables.

CHAPITRE III.

Droits attachés à la Puiſſance Souveraine, & qui en ſont inſéparables.

Les Puiſſances Souveraines ont été érigées pour procurer le bonheur de l'Etat ; elles ſont donc néceſſairement revétues de tous les pouvoirs néceſſaires ; premierement, pour en repouſſer les ennemis & conſerver ſes domaines ; ſecondement, pour y établir l'ordre par la ſanction & l'obſervation des Loix ; troiſiemement, pour y défendre & conſerver les propriétés par l'adminiſtration de la Juſtice ; quatriemement, pour prévenir les beſoins de l'Etat, & y pourvoir par la levée des impôts, & une ſage régie des Finances ; cinquiemement, pour y favoriſer le Commerce, par la fabrication & la circulation des monnoies ; ſixiemement, pour y faire reſpecter l'autorité juſques dans les mains de ceux à qui elle aura été confiée, & la retirer des mains de ceux qui en abuſent.

Tous ces droits qui réſultent d'une ſouveraineté abſolue & indépendante, ne peuvent pas être ſoumis à la volonté des ſujets. Ils peuvent encore moins réfider dans leurs mains, ainfi que le prétendent ces écrivains féditieux, qui fe difent en être les vrais propriétaires, qui veulent les arracher des mains du Souverain, & qui ofent infulter tous ceux qui s'oppofent à l'exécution de leurs projets. Nous allons préfenter l'étendue de ces droits, qui, étant éxercés avec bonté, avec beaucoup de fageffe, doivent contenir tous les fujets dans l'obéiffance & les attacher à leur maître.

§ Ier.

Premier droit. La Guerre & la Paix.

DANS toutes les fociétés, l'homme inconftant & léger fe fert, de temps-en-temps, de fes forces, pour enfreindre les Loix, pour exciter des troubles & caufer des révoltes. Nous fommes aujourd'hui les témoins de tous ces écarts. Pour être refpectée, l'autorité fouveraine doit donc être foutenue de toutes les forces de l'Etat; ces forces n'en peuvent jamais être féparées, puifque l'autorité, fans ces forces, ne feroit pas refpectée, & que les forces ne peuvent être mifes en action & dirigées que par l'autorité.

Ces forces font néceffaires pour établir & conferver la paix dans le fein de l'Etat, pour punir les crimes des citoyens, pour prévenir les diffenfions, les fciffions, pour arrêter les révoltes ; mais elles font encore d'une plus grande néceffité pour conferver les domaines de la couronne & combattre les ennemis du dehors.

Des troupes étrangeres approchent de nos frontieres, elles y commettent des actes d'hoftilité, elles ravagent les terres, elles forment un camp pour s'emparer d'une province. Le Souverain feul a le droit d'engager le foldat, d'affembler des troupes, de les difcipliner, de les commander, de leur donner des chefs, de les mener au combat, de porter des Loix militaires, de punir leur défertion, leur fuite, leur réfiftance, leur négligence ; & toutes ces forces de l'Etat font la partie de fes fujets qui fe montre la plus obéiffante, la plus refpectueufe.

Ce droit de faire la guerre, a toujours été regardé inféparable de la puiffance fouveraine, impartageable. Il a toujours été défendu à tous les fujets, fous les peines les plus rigoureufes, de prendre les armes, de s'affembler, de s'attrouper pour les moindres entreprifes. Eh ! comment des milliers de combattans pourroient-ils être dirigés, commandés par des Légiflateurs, divifés, éloignés les uns des autres & entraînés par des vues toutes contraires. « Non, *dit un des ennemis même de la*

» *fouveraineté*, la Nation ne peut pas exercer
» ces pouvoirs; plus un Empire eft étendu,
» plus le pouvoir qui difpofe de la force
» publique doit avoir d'énergie. C'eft par cette
» raifon que le pouvoir monarchique, ou la
» volonté d'un feul homme qui meut à l'inf-
» tant tous les refforts de la force nationale,
» convient fpécialement à de grands pays,
» entourés de voifins jaloux & puiffans, qui
» fe trouveroient expofés à leurs invafions, fi
» les moyens de les repouffer n'avoient toute
» la force qu'il eft poffible de leur donner ».
Pag. 22 (I).

Ce droit inaliénable, indivifible, qui appartient au feul Souverain, eft reconnu dans
ces îles mêmes, où la révolte a changé la
conftitution & partagé la légiflation. Le Roi
feul y décide de tout ce qui regarde les déclarations de guerre & les traités de paix,
& il n'a jamais éprouvé de réfiftance dans
cette partie de fon adminiftration.

Les Auteurs pernicieux, qui regardent la
Nation Françoife comme revêtue déja de la
puiffance fouveraine, font les feuls qui peuvent
difputer aux Monarques le droit de commander les armeés, & confeiller au peuple
de faire la cour aux militaires, afin de trouver

---

(1) Mémoire du Comte d'Ant*.*.*.

E 3

dans leurs bras les forces néceſſaires pour l'exécution de leurs projets. Il n'y a que des deſtructeurs de la Monarchie qui aient pu donner lieu à ces juſtes plaintes que les Princes n'ont pu ſe diſpenſer de porter aux pieds du Roi. En voyant ce peuple, dans les premiers ſiecles de la Monarchie, ſerfs & eſclaves, aujourd'hui s'élever au-deſſus de tous les Ordres de l'Etat & du Souverain même, & ſe plaire à humilier *cette antique & brave Nobleſſe qui a verſé tant de ſang pour la Patrie & pour nos Rois*, qui compoſe les principales forces de l'Etat, & qui peut, ſeule, par ſes exemples, par ſes leçons, par ſa vigilance, inſpirer aux ſoldats l'obéiſſance & la fidélité pour leur Prince, & les forces, le courage néceſſaires pour la défenſe du trône ; pourra-t-on le croire ? un de ces Auteurs ſéditieux, parlant aux Princes même, oſe faire entendre, qu'aujourd'hui la Nobleſſe ne doit ſon exiſtence qu'à la bonté & la modération du peuple ; « Si le Tiers-Etat, *dit-il*, » n'avoit pas une marche auſſi noble, auſſi » réguliere, il eſt plus d'une province où il » n'exiſteroit peut-être déja plus de Nobles (1) ».

Un autre Auteur, de l'Ordre de la Nobleſſe, mais qu'on dit deſcendre des Proteſtans, va

______

(1) *Ecrit à M. Comte d'Artois.*

plus loin ; il excuse, il approuve les guerres
que l'hérésie déclara à nos Rois, & il se
réjouit des suites heureuses qu'elles produisirent
en France.

.. «Ce furent sans doute de grandes calamités ,
» *dit-il* , que l'existence de ces haines inex-
» tinguibles , que fomentoit la diversité des
» opinions ; mais quand on réfléchit que la
» liberté est le premier des biens , que le
» sacrifice de l'existence de quelques citoyens
» est un mal dont il faut se consoler , si cette
» perte a servi à conserver dans tous les cœurs
» les sentimens d'énergie qui n'échauffent que
» les ames libres , je ne sais si on doit abhorrer
» les guerres que la différence des Religions
» a suscitées en France.

» Sans ces troubles salutaires qui vivifioient
» toutes les ames , élevoient les courages , le
» regne de Catherine de Médicis nous auroit
» plongés dans une léthargie mortelle ; les
» poisons de cette ame corrompue eussent
» peut-être détruit en nous , jusqu'au desir
» de la liberté.

» Mais les funestes effets de sa politique
» corruptrice furent balancés par la véhé-
» mence du fanatisme ; mais le mal qui lutte
» contre le pouvoir absolu , quel qu'il soit ,
» devient un bien pour la Nation , & telle

» est l'horreur qu'inspire le pouvoir arbitraire,
» qu'il nous force à regarder avec moins
» d'effroi ces temps de désolation, qui servirent
» au moins à le repousser, & à fomenter dans
» toutes les ames le noble sentiment du cou-
» rage & l'amour de la liberté.

» Je remarque, avec un sentiment de re-
» connoissance pour l'Etre Suprême, qu'en vain
» le pouvoir absolu a menacé la France. Le
» ciel voulut qu'il s'élevât toujours à côté de
» lui des moyens de l'anéantir ; & l'effer-
» vescence produite par les guerres de Religion
» du seizieme siecle, a conservé, en France,
» l'énergie & la liberté sous le regne des
» Princes les plus propres à les détruire (1) ».

S'il est permis à tous les sujets de lever
l'étendard contre leur Souverain, si ces *troubles*
qu'ils excitent sont salutaires, si ces révoltes
qui luttent contre le pouvoir du Monarque,
font un bien pour la Nation, si l'Etre Suprême,
lui-même, éleve toujours à côté du trône
des moyens de l'anéantir, le Monarque n'a
donc aucune autorité légitime ; aucun de ses
sujets n'est obligé de respecter ses forces ; il
doit bien plutôt craindre celles que l'Etre

---

(1) *Mémoires sur les Etats-Généraux , par M. le*
*Comte d'Ant****. Pag. 169 & suiv.

Suprême a élevées à ſes côtés pour l'anéantir ;
peut-on débiter des maximes plus ſéditieuſes,
plus inſenſées ?

§. I I.

Second droit. La Légiſlation.

C'EST principalement par la ſageſſe des
Loix qu'il porte, que le Souverain doit régner
& dominer ſur ſes ſujets, par la protection
qu'il accorde à tous ceux qui les obſervent,
par les peines qu'il prononce contre tous ceux
qui les enfreignent.

Un certain Auteur enſeigne que perſonne,
dans ce monde, n'a eu droit de porter des
Loix. « Les hommes, *dit-il*, veulent s'arroger
» le droit de porter des Loix , tandis qu'il
» n'appartient à toute puiſſance humaine,
» que de reconnoître, d'obſerver, & de faire
» obſerver ces Loix naturelles & primitives,
» qui ſont d'inſtitution divine, & dont l'Au-
» teur de la Nature nous a confié, à tous,
» la connoiſſance & le ſentiment. Si l'autorité,
» protectrice de la paix & de la ſûreté des
» ſociétés ſe fût bornée à cette juriſdiction,
» elle n'auroit jamais perdu de vue ce plan
» ſimple & immuable de légiſlation, & n'au-
» roit pas été contrainte à chercher un tableau
» d'injonctions impératives, des Loix de force,

» de régénération, de hafard, à travers le
» tumulte des paſſions (1) ».

Il eſt vrai que le Légiſlateur n'a pas droit
de contredire les Loix naturelles ; mais il a
le droit de les adopter, de les expliquer, de
les étendre à tous les événemens, de les promulguer, de les appliquer à tous les abus,
à tous les déſordres qui ſe commettent dans
la ſociété.

L'inconduite des ſujets exige néceſſairement
cette explication, ces développemens, cette
application ; & voilà, dans la vérité, en quoi
conſiſtent tous les droits du Légiſlateur.

Ces Loix primitives de la raiſon en ſont
les premiers fondemens. S'il oſoit les violer,
ou en ordonner la tranſgreſſion, ſes commandemens ſeroient nuls, & il ébranleroit
lui-même juſqu'aux fondemens de ſon trône.
Son plus grand intérêt eſt de ſe concilier l'eſtime & l'amour de ſes ſujets ; &, pour arriver
à ce but, il doit obſerver lui-même, & faire
reſpecter toutes les Loix de la Nature & de
la Religion. Ses volontés impératives doivent
être toujours concordantes avec ces Loix primitives ; &, s'il peut porter quelques Loix
arbitraires, c'eſt qu'il peut choiſir entre les

____

(1) *Lettres ſur la dépravation de l'ordre légal. Premiere
partie ,* pag. 3.

manieres de procurer le bien de la société qui font permifes , celles qui lui paroiffent les plus fûres, les plus faciles, les plus utiles à fes fujets.

Ce droit fouverain & légiflatif a toujours réfidé dans la perfonne de nos Monarques , & a toujours été exercé par eux feuls. Toutes les Loix ont été portées en leur nom , & en celui de l'Etre Suprême dont ils ont reçu leur autorité. Ce n'eft pas par la grace de leurs fujets , qu'ils s'atttibuent le droit de commander , c'eft *par la graee de Dieu*, qu'ils prennent la qualité de *Rois*. Ce n'eft pas parce qu'ils fe font affurés du bon plaifir de la Nation entiere, qu'ils rendent leurs ordonnances ; mais parce que la fageffe de ces Loix eft telle, qu'ils fe font un plaifir de les confacrer : *tel eft notre plaifir*. Ce n'eft pas parce qu'ils fe font affurés de l'obéiffance de leurs fujets , par un confentement exprès ; mais parce que la juftice, l'équité de ces Loix ; leur donnent lieu de préfumer qu'ils fe feront un devoir d'y confentir & de les obferver.

La prefcription feule devroit fuffire pour rendre inconteftable le droit de légiflation , dans les mains du Monarque. Toutes les forces de l'Etat y réfident uniquement, & le droit de légiflation doit néceffairement être accompagné & foutenu de toutes ces forces. Seul , il a le droit d'expliquer, de développer le vrai fens de la Loi ; lui feul en eft donc l'Auteur.

C'eft de l'autorité de nos Monarques que la France a reçu, & ces Loix Civiles qui exigent de toute la Nation le refpect, l'obéiffance & la fubordination , envers leurs perfonnes & envers tous les dépofitaires de leur autorité, qui fixent les obligations du Citoyen à l'égard du Citoyen, qui ordonnent la confervation de leurs propriétés , les manieres d'acquérir les fonds, de les tranfmettre , &c. , & ces Loix de Police qui déterminent l'ordre à garder dans les villes & les campagnes , dans les correfpondances des Citoyens pour leurs entreprifes , leur commerce, leurs ventes , &c. , & ces Loix Criminelles qui concernent les peines prononcées contre les crimes, les amendes, les confifcations, les peines infamantes, afflictives, les exils, les banniffemens, &c.

Pour enlever au Roi ce droit de légiflation, nos régénérateurs infiftent premierement, fur l'indépendance abfolue dans laquelle ils prétendent que tous les membres de l'Etat font nés ; fecondement, fur la part que les Etats-Généraux ont eue à la fanction des Loix les plus anciennes & les plus importantes ; troifiemement , fur la néceffité de l'enregistrement des Loix, avant qu'elles puissent obliger.

Nous avons déja réfuté ces paradoxes. Premierement, tous les hommes naissent dans la dépendance des puissances qui dominent dans leur société ; s'ils étoient indépendans par le droit de leur naissance, il n'existeroit pas sur toute la terre aucune autorité réelle, tout pouvoir seroit arbitraire, les liens de la société pourroient être rompus, les plus vastes Etats se trouveroient partagés en diverses factions, diverses cabales, sans qu'on pût faire aucun reproche aux Auteurs de ces divisions ; ils pourroient donner dans les plus grands égaremens de la raison, se livrer aux plus honteuses passions, & commettre les plus grandes injustices, sans redouter aucune suite fâcheuse de tous ces excès.

Secondement, les Etats-Généraux ne fournissent pas le moindre prétexte plausible pour partager, entr'eux & le Monarque, le droit de la législation.

Il est vrai que l'autorité monarchique & la liberté légitime du peuple ne sont point ennemies. C'est de la parfaite intelligence & de l'accord de l'une & l'autre que dépend le bonheur public. Le plus grand talent pour gouverner, c'est de convaincre le peuple qu'on desire véritablement son bonheur. Mais, pour opérer cette conviction, il faut que la bonté, la fageffe, préfident à la fanction de toutes les Loix. Pour ne porter que des Loix fages, le Monarque, tout puiffant qu'il eft, fe trouve obligé de confulter tous fes Miniftres, fes Confeillers d'Etat, fes Tribunaux, quelquefois tous les Notables de fon Royaume, les Affemblées de fes Provinces, les divers Ordres de fon Etat. Mais confulter, ce n'eft pas obéir; il attend leurs avis, & non pas leurs ordres; il veut profiter de leurs lumieres, être éclairé fur les befoins de fon royaume, fur les remedes qu'on peut y apporter, & non pas folliciter leurs commandemens; il veut bien leur donner des marques de fa confiance, de fes bonnes intentions; mais non pas des preuves de fa foumiffion, de fa dépendance.

Hincmar, qui s'eft expliqué très-fouvent en faveur de ces premieres affemblées des deux Ordres de l'Etat, nous fournit, dans un feul mot, la réponfe à toutes ces difficultés de nos régénérateurs. Il diftingue leur volonté d'avec leur autorité; & il dit que le Roi demande ces grandes affemblées, pour connoître la volonté, c'eft-à-dire, les defirs, les vœux de la Nation, & non pas pour recourir à leur puiffance, à leur autorité (1).

____

(1) *Seniores propter confilium ordinandum , juniores*

Ces Miniſtres, ces Conſeillers ordinaires, ces Tribunaux ſont-ils donc de véritables Légiſlateurs? mais les Etats-Généraux, qui ne ſubſiſtent que par accident, pour un temps aſſez court, dans des intervalles aſſez éloignés, peuvent-ils ſe dire les ſeuls Légiſlateurs de la Nation? les Loix ſont-elles promulguées en leur nom? Si quelquefois on y a fait mention de leur conſentement, ç'a été pour indiquer le concours de leurs lumieres, de leur bonne volonté, & non pas pour faire valoir leur autorité légiſlative.

Toutes ces Aſſemblées, au contraire, prouvent que la Légiſlation, dans toute ſon étendue, réſide uniquement dans la volonté du Souverain; lui ſeul peut former ces Aſſemblées; lui ſeul peut fixer les objets de leurs délibérations; lui ſeul peut faire droit à leurs remontrances, exaucer leurs humbles ſupplications; c'eſt à lui ſeul que ſont adreſſées toutes les plaintes. Les cahiers une fois préſentés, l'aſſemblée ſe ſépare, les Etats-Généraux ne ſubſiſtent plus. Dans tous ces traits particuliers, qui caractériſent les aſſemblées

---

propter idem conſilium fuſcipiendum & interdùm pariter tractandum; & non ex poteſtate, ſed ex proprio mentis intellectu vel ſententiâ confirmandum. Hincmar. Epiſtolâ ad proceres Regni.

de la Nation entiere, apperçoit-on feulement quelques traces de cette autorité fouveraine & légiflative dont elle veut aujourd'hui être l'unique propriétaire ?

Troifiemement enfin, la néceffité de l'enregiftrement tire fon origine de la prudence, de la fageffe de nos Monarques, qui, avant de promulguer leurs Loix, ont bien voulu prendre les avis & les confeils des Magiftrats ; mais tous les pouvoirs de ces corps refpectables font une émanation, non pas de l'autorité du peuple, mais de l'autorité du Monarque. Leurs délais, leurs réfiftances paffageres, font un droit qu'ils ont reçu de leur Prince, & un moyen qu'il a cru devoir leur procurer pour s'affurer de la juftice de fes Loix, & de l'obéiffance de ces fujets, & non pas pour élever à côté de fon autorité fouveraine une puiffance émule qui pût l'arrêter ni la balancer. *Si veut le Roi, fi veut la Loi* : voilà le vrai principe qui place le droit de la Légiflation ; la volonté feule du Roi donne toute fa force à fa Loi ; le vrai fens de la Loi eft celui qu'il plaît à la volonté du Roi, & de fixer, & de manifefter ; elle ne doit point avoir d'autre exécution que celle que nous indique la fuprême volonté du Roi.

§.

(81)

§. I I I.

Troifieme droit. L'adminiftration de la Juftice.

LES Loix étant établies, il faut veiller à leur obfervation, en faire l'application, foit dans la difcuffion des intéréts particuliers, foit dans la prononciation des peines impofées aux délits. C'eft dans cette application des Loix que confiftent le pouvoir judiciaire & l'adminiftration de la Juftice.

Le Comte d'Ant*** attribue ce pouvoir aux Etats-Généraux affemblés, qu'il nomme *le Juge Souverain du Monarque même.* Il leur donne le droit « de prononcer des jugemens, » fur-tout, s'il s'agit *de flétrir celui qui cherche* » *à leur nuire*, & fi c'étoit le crime de leze- » Nation qu'ils voudroient punir ».

Il avoue cependant « que la Nation, faite » pour dominer fur tout, ne peut pas ftatuer » fur des objets individuels; *que l'autorité ju-* » diciaire s'eft trouvée naturellement faire » partie effentielle de ce gouvernement à qui » fut confiée la force publique; mais comme il » importe à la Nation que le defpotifme foit » à jamais éloigné du pouvoir judiciaire, il » n'eft pas douteux que c'eft à elle à établir » de quelle maniere doivent être compofés » les Tribunaux chargés du dépôt des Loix,

F

» & à ſtatuer ſur la formation des corps ju-
» diciaires ». *Pag.* 23.

Voilà une partie de la régénération prochaine. Il eſt facile d'appercevoir la fauſſeté,
l'incohérence de ces principes.

La Nation eſt *faite pour dominer ſur tout ;*
& , cependant, le Roi eſt établi pour gouverner toute la Nation.

*L'autorité judiciaire fait une partie eſſentielle du
gouvernement ;* & , cependant, il importe que
le deſpotiſme , c'eſt-à-dire , *la puiſſance ſouveraine
ſoit à jamais éloignée du pouvoir judiciaire.* Les
forces publiques ſont confiées au Monarque,
& néanmoins la Nation peut le dépoſer &
le flétrir.

La Nation ne peut *ſtatuer ſur des objets
individuels ,* qui ſont les objets de la Juſtice,
& , néanmoins, c'eſt à elle *qu'il appartient de
former des corps judiciaires.*

A ces faits controuvés , à ces folles prétentions, oppoſons tout ce que nous apprennent
les principes de la raiſon, & les Loix conſtitutives de notre Monarchie !

C'eſt à la puiſſance ſouveraine à preſcrire
des Loix à tous les ſujets dépendans d'elle ;
c'eſt à ce pouvoir armé de la force publique ,
à les faire reſpecter , à en procurer l'exécution ,
à en punir les infractions. C'eſt à elle ſeule,
qu'il appartient de confier ſes pouvoirs aux

(85)

Miniftres qu'elle charge d'exercer fes propres
fonctions, & à veiller fur leur conduite, &
fur cette partie de leur adminiftration.

Les grands principes de la raifon & du
droit naturel ont toujours été exécutés &
fuivis dans notre Monarchie. Toutes les Loix
Civiles, de Police, toutes les Loix Criminelles,
ont été toujours portées, publiées, interprétées, expliquées par nos Monarques ; eux
feuls ont déterminé toutes les peines contre
les délits, prefcrit toutes les formalités néceffaires pour porter les jugemens & les faire
exécuter.

Dans l'impuiffance où nos Rois fe trou-
verent de rendre à tous les particuliers la
juftice qui leur eft due, eux feuls ont confié le
pouvoir de juger à des perfonnes fages,
éclairées, qu'ils avoient cru mériter leur
confiance.

Eux feuls en France ont établi des cours
de Juftice, des Confeils Souverains, des Parlemens, des Préfidiaux, des Bailliages, des
Prevôtés, des Notaires, des Huiffiers, &c. ;
eux feuls peuvent encore établir tous les
Tribunaux qui leur paroîtront néceffaires,
pour procurer le bien de l'Etat, étendre,
refferrer leur diftrict, &c., établir entr'eux un
ordre, une fubordination, &c. C'eft en leur
nom feul que tous ces Officiers qu'ils ont

créés , ont exercé leurs fonctions & porté leurs jugemens. Bien loin qu'ils puissent, par leurs places, porter des Loix , les expliquer, ils n'ont pas même le droit de les interpréter.

Nos Monarques seuls ont exercé le droit d'évoquer à leur Conseil tous les jugemens rendus, de les casser, de les réformer , de les annuller, de les renvoyer à d'autres Cours , pour recommencer la procédure & rectifier les arrêts , d'en suspendre l'exécution, d'exempter leurs sujets des peines prononcées contr'eux , de les commuer , &c.

Si quelques Seigneurs , par une suite des atteintes portées au droit du Monarque par les grands feudataires, se trouvent encore en possession de faire rendre la justice à leurs vassaux , c'est uniquement par une suite de la tolérance , ou de la concession du Monarque; & ces juges inférieurs se trouvent tous soumis & dépendans, non-seulement de la personne du Roi, mais de tous les Tribunaux qu'il a créés au - dessus d'eux. Voilà l'état véritable où notre Monarchie s'est toujours soutenue. Jamais les Etats - Généraux n'ont pensé à contester tous ces droits nécessaires, non-seulement à l'autorité souveraine, mais à la Nation, pour voir au milieu d'elle un bel ordre établi & respecté. On a permis à ces assemblées seulement, & elles en avoient le droit, de se plaindre des abus assez fréquens qui se sont commis & qui se commettent encore dans l'administration de la Justice, & d'en demander la réforme; mais leurs requêtes, leurs plaintes, leurs demandes supposoient que le Souverain seul avoit le droit d'opérer cette réforme. Elles ont souvent porté des plaintes contre les Ministres; mais jamais elles n'ont pensé à les juger, à les flétrir elles-mêmes. Une pareille prétention n'a pu éclater que dans un moment où toutes les têtes étant renversées, elles osent se promettre de changer entierement la constitution de notre Monarchie. Ce droit d'administrer la Justice dans le Souverain, n'est-il pas une suite nécessaire de son droit de Législation ?

§. I V.

Quatrieme droit. La levée des Impôts & la régie des Finances.

C'EST ce droit si ancien, que l'on conteste avec plus d'audace. Les besoins extraordinaires de l'Etat semblent présenter l'occasion la plus favorable pour tenter de renverser le Monarque & la Monarchie. Nos régénérateurs établissent comme un principe constant, reconnu de toute la Nation, adopté même par le Roi, qu'il ne peut pas lever le moindre

Impôt, fans un confentement libre & préalable des Etats-Généraux affemblés.

L'Auteur qui s'adreffe *à la Nation Françoife*,
lui annonce « qu'elle a le droit de confentir
» aux Loix de l'Impôt avant qu'il foit im-
» pofé, & que fes droits lui font affurés de
» la maniere la plus folemnelle. *Pag.* 17.

» Tout Impôt, *dit le Comte d'Ant****, pour
» n'être pas une concuffion, doit être con-
» fenti par les Etats-Généraux.... Telles font
» fans doute les premieres idées qui fe pré-
» fenteront à tous les efprits, à l'inftant qu'il
» s'agira de prononcer fur la dette royale.
Pag. 258.

» Je ne m'appuie ici, dit l'*Ultimatum*, que
» fur des principes conftitutionnels. Je défie
» le rédacteur du Mémoire (des Princes), de
» me nier qu'on ait droit de lever, en France,
» fur le peuple, aucun Impôt auquel il n'ait
» pas confenti. Je le défie de me prouver que,
» depuis deux cents ans, le peuple ait donné
» ce confentement ; je défie encore de prouver
» que l'enregiftrement dans les Parlemens
» puiffe feul valider un Impôt mis ou à
» mettre ». *Pag.* 46.

Mais fi, depuis deux cents ans, fans avoir
ni demandé, ni obtenu le confentement des
Etats - Généraux, le Roi a impofé, perçu,
employé une quantité d'Impôts, le confen-

tement préalable de la Nation n'eft donc pas abfolument néceffaire, & une poffeffion auffi ancienne fuffiroit pour établir ce droit qu'on lui contefte. Il en eft des Loix concernant l'Impôt, comme de toutes les autres Loix : Lorfqu'elles font d'une fageffe & d'une juftice reconnues, le Souverain a droit de préfumer que tous les Citoyens fe feront un devoir de les refpecter & de leur obéir. Tandis que les Finances de l'Etat font connues pour être fagement adminiftrées, & que les nouveaux Impôts paroîtront néceffaires pour pourvoir aux befoins de l'Etat, la Nation même affemblée n'a pas le droit d'y apporter la moindre réfiftance & fon confentement exprès ne peut jamais être un préalable abfolument néceffaire pour en ordonner la perception.

Pour confondre tous ces ennemis du Roi & de la Monarchie, tournons notre attention fur le droit naturel, fur le droit religieux, fur l'antique poffeffion de nos Monarques, & nous ferons bientôt convaincus d'un droit auffi précieux qu'on s'efforce de lui faire abandonner.

Dans tous les Etats, le Souverain a droit de préfumer que fes fujets font difpofés à obéir & à remplir tous leurs devoirs ; or, le paiement des Impôts eft un des premiers devoirs de tous les fujets. Le droit naturel

F 4

n'oblige-t-il pas tous les hommes à contribuer aux dépenſes néceſſaires pour la tranquillité de l'Etat, pour la défenſe de la Patrie, pour la ſûreté de leurs perſonnes , pour la con-ſervation de leurs propriétés, pour le maintien de la puiſſance & de l'autorité royale, pour le bonheur & la gloire de la Nation ?

L'accompliſſement de tous ces devoirs du Souverain exige des dépenſes immenſes, des fonds intariſſables : n'eſt - ce donc pas à la Nation à les fournir ? Le Souverain ſeul peut connoître tous les beſoins de l'Etat ; lui ſeul a donc le droit d'y pourvoir ; à lui ſeul appartient d'en fixer le montant avec la modération la plus grande, de percevoir les impoſitions , de les employer pour ſoutenir la majeſté de ſon trône, l'éclat de ſon auguſte famille, pour payer les gages de ſa maiſon domeſtique, pour l'entretien de ſes armées , pour les honoraires de ſes Officiers , de ſes Juges, de tous ceux qui le ſervent, pour ſecourir les pauvres de ſon Etat, pour pré-venir les beſoins de ſes provinces, pour ré-compenſer les talens, pour l'entretien de ſes fortereſſes , l'embelliſſement, la décoration des villes, &c., le ſoutien de ſes colonies, &c., &c.

Le Monarque ſeul pourroit - il fournir à ces dépenſes immenſes ? ſes ſujets ont-ils le droit de lui refuſer leurs ſecours ? la Raiſon dans l'Homme ne fuffiroit-elle pas pour leur impofer l'obligation de déférer à ces demandes ? ces Loix immuables, fur lefquelles nos philofophes appuient les droits de propriété foncieres pour tous les fujets, ne les obligentelles pas également de prendre fur cette partie de leurs revenus qui eft difponible, tout ce qui eft néceffaire pour le befoin de l'Etat ? c'eft bien moins pour l'avantage du Roi, que pour les néceffités preffantes du Royaume, que la levée des impofitions eft ordonnée.

La Religion naturelle nous montre le vrai fondement de ce droit du Monarque. C'eft Dieu qui l'a établi, il exerce fon autorité, il tient fa place. L'homme religieux peut-il lui refufer les fecours, les fervices qu'il demande, lorfqu'ils font proportionnés aux befoins de l'Etat ? La Religion révélée nous fait un commandement exprès de payer les Impôts, & elle ne nous a point donné le droit de les refufer. *Rendez à Céfar tout ce qui eft dû à Céfar, l'honneur, à qui eft dû l'honneur ; payez le tribut, les tailles & les octrois, à tous ceux à qui le tribut, les tailles & les octrois font dus.* Si aujourd'hui un fi grand nombre de fujets veut fe difpenfer de remplir ces devoirs, c'eft parce que, depuis quarante ans, on a commencé de projeter une nouvelle régénération de cet Etat. On a réuffi à éteindre, dans un grand nombre de sujets, tous les sentimens religieux ; mais tous ceux qui sont encore attachés à la Religion Chrétienne, donneront les plus grands exemples de cette soumission, de cette générosité qu'elle leur a toujours inspirée ; & si l'on emploie aujourd'hui tant de moyens pour l'anéantir, c'est parce que, tandis qu'elle a dominé sur le cœur des François, l'autorité du Monarque a toujours été respectée.

Les revenus du Souverain n'ont pas toujours été les mêmes ; mais ils n'ont augmenté que dans la même proportion que la culture des terres, les produits de l'industrie & du commerce, & la fortune des Citoyens, la cherté des vivres.

Les aubeines, les débris des naufrages, les péages n'étoient pas un revenu fixe & solide ; les Impôts sur les consommations, le sel, les gabelles, les douanes, les entrées, étoient un revenu plus sûr & plus suivi. La souveraineté, par l'acquisition des grands fiefs, a hérité de ces lots & ventes, de ces produits des fiefs qui composent encore la Loi fiscale des Etats de l'Europe, & dont jouissoient auparavant les Seigneurs territoriaux. Le Tiers-Etat admis aux Assemblées de la Nation, s'est soumis aux impositions territoriales. On a cru qu'il suffisoit dans la suite de pouvoir préfumer ce confentement, & on les a toujours augmentées, à proportion que les terres ont été plus fertiles, les dépenfes plus coûteufes, & les befoins de l'Etat plus preffans. Dans prefque tous les Etats de l'Europe, la puiffance fouveraine a exercé les mêmes droits ; il n'eft donc pas abfolument néceffaire de s'affurer du confentement des fujets ; il fuffit que les Loix de l'impofition foient affez fages, affez modérées, pour que l'on ne puiffe pas en douter. Mais, dira-t-on, le Souverain n'a pas le droit de s'emparer des propriétés de tous fes fujets, fans leur confentement ? non, il ne peut pas s'emparer des propriétés foncieres mais il a le droit d'exiger de tous fes fujets, une partie des revenus dont ils ont la liberté de difpofer, & la Nation n'a point le droit de s'y oppofer,

« Ce n'eft point ainfi, *dit un Auteur qui a examiné la dépravation de l'ordre légal*, qu'une » Nation peut & doit être conftituée pour être » ftable, paifible & profpere ; ce n'eft point » en divifant ce qui, de fa nature, doit être » uni d'intérêts & d'affections.

» Le Prince eft le pere de la famille ; il n'a » d'intérêt que celui de fes enfans ; on lui » doit l'obéiffance, parce qu'elle affure le » travail & les richeffes de la famille. Sa » vigilance s'étend fur tout le territoire, fa

» puiſſance protege juſqu'à la moindre poſ-
» ſeſſion. Il a un droit naturel ſur tout ce
» qu'il protege ; il doit prendre les dépenſes
» de la communauté ſur tous ſes revenus.
» Etabliſſez cette vérité qui ne peut être diſ-
» putée ; demandez la part du Souverain, qui
» ne peut manquer d'être conſentie ; dès-lors,
» vous verrez ceſſer, & de la part du gou-
» vernement, ces grands efforts, pour établir
» & conſerver l'autorité, & de la part des
» peuples, toutes ces vaines, mais fâcheuſes
» réclamations de privileges, de Loix fon-
» damentales, qui, au fonds, ne diſent pas
» autre choſe, ſinon que *je n'ai point d'argent*
» *à fournir.*

» Si des corps ambitieux cherchent à ſe
» prévaloir par des entrepriſes téméraires,
» le corps de la Nation qui ne veut que repos
» civil & liberté domeſtique, unie à ſon
» chef, proſcrira à l'inſtant, du geſte & de la
» voix, tous les intérêts particuliers, excluſifs,
» ſous quelques prétextes ſpécieux qu'ils
» puiſſent s'envelopper (1) ». *Pag.* 60.

Voilà les vrais principes qui, dans ces
circonſtances préſentes, devroient prévaloir
ſur tous les projets que débitent certains fron-

---

(1) *De la Dépravation de l'Ordre légal. Deuxieme
lettre, pag.* 60 & 61.

deurs ; mais, ajouteront-ils, fi le Monarque abufe de fa puiffance pour gréver & ruiner tous fes fujets, la Nation fera-t-elle obligée de fe laiffer écrafer ? non, elle aura dans fa main, pour éviter ce malheur, les mêmes reffources que pour fe garantir de tous les autres abus de l'autorité. Nous nous expliquerons là-deffus dans le dernier Chapitre de cet ouvrage ; mais ces reffources ne confiftent point dans le droit de s'élever au-deffus du Roi, de le juger, de le condamner, de le dépouiller, ainfi que le propofent tous ces écrivains qui demandent avec tant d'ardeur l'affemblée des Etats - Généraux. C'eft pour affurer le fuccès de leurs projets que, depuis fi long-temps, ils s'élevent contre une Religion qui les condamne ; qu'ils rappellent autour d'eux tous ces non-Catholiques qui, comme eux, ne voient dans leur Souverain qu'un fimple commis, qui n'a point d'autre autorité que celle qu'il a reçue d'eux. Les Etats-Généraux pourroient occafionner de grands avantages à cet Etat ; mais dans de momens auffi critiques, où déja la Nation divifée voit les Citoyens prendre les armes & commencer les guerres civiles, la puiffance fouveraine fe voit expofée à de grands dangers ; les forces qui la foutiennent ne peuvent pas fe conferver, fi la Nation a droit de lui refufer ce tribut qu'elle lui doit. Son autorité devient nulle, & ne peut plus être respectée dès qu'elle se trouvera séparée des forces de l'Etat, & ces forces lui manqueront, dès qu'elle se trouvera privée du droit de percevoir les Impôts.

§. V.

Cinquieme droit. La fabrication & la circulation des monnoies.

LES richesses de l'Etat s'augmentent considérablement par l'établissement du commerce, qui met en œuvre l'industrie & les talens des Citoyens, perfectionne les arts & multiplie les fonds de la société.

Pour le rendre florissant, il faut procurer au public des pièces de monnoie, qui puissent représenter exactement le prix & la valeur des objets vendus ou échangés, passer d'une main dans l'autre, & être facilement transportés.

Le Souverain seul a le droit de s'approprier les mines de tous ces métaux, nécessaires pour composer ces pièces de monnoie, d'en commander la fabrication, la circulation; de porter tous les réglemens qui doivent en déterminer la forme, la figure & le poids, en fixer le prix & la valeur. Il peut décrier

l'ancienne monnoie & en défendre l'usage ;
en augmenter ou diminuer la valeur, en
permettre ou en prohiber le cours, admettre
quelques pièces des monnoies étrangeres,
établir les hôtels, les cours des monnoies,
en créer, en conférer les charges, & contraindre ses sujets d'observer toutes les regles
qu'il voudra établir, pour fixer l'emploi de
la monnoie dans le Royaume, & en défendre
ou permettre l'exportation.

Ce droit que quelques grands feudataires
avoient autrefois partagé avec le Souverain,
est aujourd'hui rentré dans ses mains; il n'a
jamais été contesté, il est si universellement
reconnu & respecté, que toute autre fabrication, toute contrefaction est un crime
capital, contre lequel les Loix ont prononcé
les peines les plus rigoureuses. La figure, le
chiffre ou le nom du Souverain, gravés sur
toutes les pièces, suffisent pour leur attirer
la confiance publique. Mais le gouvernement
se trouve obligé de veiller, avec la plus
grande attention, sur la contrefaction, l'alté-
ration des monnoies; dès qu'il a paru quelques
pièces contrefaites dans le commerce, la confiance est perdue : on se trouve exposé à des
surprises, à des pertes, & obligé d'en examiner
le poids, de discerner la couleur, la qualité
du métal ; examen qui n'est pas à la portée

de tous les particuliers, & qui met dans un grand embarras tous ceux qui, dans le commerce, se trouvent obligés, à tous momens, de recevoir de personnes inconnues, & d'échanger des pièces d'or ou d'argent suspectes.

La Nation faite *pour dominer sur tout*, n'a point encore pensé à partager avec le Souverain un droit si onéreux, & qui produit à la société d'aussi grands avantages.

§. V I.

Sixieme droit. La Création & la suppression des Charges, Offices, Commissions, &c.

L E Gouvernement d'un Etat s'étend à toutes les Provinces, & comprend généralement tous les sujets. Quelque zelé, éclairé, vertueux que soit un Souverain, il ne peut pas exercer par lui-même des droits aussi étendus. Il se trouve dans la nécessité de se faire représenter, suppléer, aider par la création des différens pouvoirs, de différens offices. C'est de cette source unique que sortent tous les pouvoirs d'un Citoyen sur un Citoyen, tous les devoirs d'un sujet à l'égard d'un sujet.

Le Monarque dépose le glaive qu'il a reçu des mains de Dieu entre celle des Généraux, des Commandans, de tous les Officiers de

fes

fes troupes. Le code de fes Loix, la balance
de la Juſtice, il les confie à fes conſeils, à
fes Cours, à fes Parlemens, à tous les Magiſtrats ; il donne la clef de fes tréſors aux
Surihtendans, aux Directeurs, àux Receveurs
de fes Finances ; l'adminiſtration de fes Domaines, de fes Forêts, de fes Eaux, de fes
Chaſſes, à des Comités, à des Tribunaux ;
l'ordre & la police à établir dans les Villes,
dans les Campagnes, à fes Intendans, fes
Lieutenans, à fes Municipalités. C'eſt lui feul
qui peut fixer l'étendue & les bornes de ces
pouvoirs tranſmis, en aſſigner les divers
degrés, & établir entre toutes les claſſes,
des dépoſitaires de fon autorité, une dépendance, une fubordination inviolables ; les
bas-officiers, les ferviteurs de tous ces dépoſitaires, tirent du même principe leur état,
leurs qualités & tous leurs pouvoirs.

Le bonheur d'un Royaume dépend de la
fidélité inviolable de tous les fujets, à reſpecter dans la perſonne du Souverain l'autorité qu'il a reçue de Dieu, & dans fes
Commiſſaires, l'autorité qu'ils ont reçue du
Souverain.

C'eſt de l'unité de cette autorité, la même
dans tous ceux qui partagent le gouvernement,
que naiſſent l'ordre, la tranquillité & la paix
dans les fociétés ; établir dans un même Etat

plufieurs puiffances égales, indépendantes ;
leur donner le droit de fe contredire, de
fe combattre, de réfifter l'une à l'autre ;
c'eft jetter dans un Royaume les femences,
les germes des divifions, des troubles,
des guerres inteftines, & accélerer l'entiere
deftruction d'une Monarchie. Tous ces Miniftres, ces Commandans, ces Magiftrats,
qu'un même Souverain a créés pour notre
fervice, & a élevés au-deffus de nous pour
exercer fes droits, doivent, à proportion de
l'autorité qu'ils ont reçue, & de l'exactitude
avec laquelle ils l'exercent, partager entr'eux
ces beaux fentimens que nous devons au
Monarque ; même les plus petites parcelles
de cette autorité partagée, diftribuée pour
notre fervice, dans des mains étrangeres,
dans des fujets nos femblables, mais devenus
fupérieurs à cet égard, doivent être refpectées
comme elles l'étoient dans les mains du Souverain lui-même. C'eft l'obéiffance, l'honneur,
la fidélité de tous fes fujets pour toutes ces
branches de l'autorité fouveraine, qui feules
peuvent établir entre tous les corps, tous les
membres de l'Etat, les mêmes fentimens,
les mêmes inclinations, & cette uniformité
dans leur conduite, néceffaires pour entretenir entr'eux l'union, la confiance, l'amitié,
les fervices. Quel bonheur pour un Etat,

lorsque tous les sujets soumis à une même puissance, se font un mérite & une gloire d'en respecter jusqu'aux moindres vestiges ! Quel malheur, lorsqu'on leur fournit mille prétextes pour se soustraire à cette autorité, & pour mépriser tous ceux qu'elle a établis ses Ministres !

Le Monarque a le droit de conférer, de partager son autorité ; mais il ne peut pas l'aliéner pour toujours : ce n'est pas lui-même qui s'en est revêtu, il ne peut pas s'en dépouiller, & la transporter pour toujours en d'autres mains. Ce n'est pas lui qui en a fixé l'étendue, il ne peut pas en resserrer les limites, ni en laisser perdre la moindre partie. Celui qui lui succéderoit auroit le droit d'en réclamer la totalité, & d'en enlever les moindres parcelles à tous ceux qui s'en trouveroient saisis. *On a mis en principe*, dit M. d'Argenson, *que le Roi ne pouvoit pas aliéner la moindre partie de ses domaines fonciers ; l'aliénation de la puissance publique est-elle donc de moindre importance ?* Pag. 152.

Celui qui, par surprise, auroit renoncé pour toujours à la moindre partie de sa puissance, sera toujours en état de la reprendre lui-même ; & celui qui lui succédera, aura encore un droit plus apparent, plus incontestable pour la recouvrer.

Ainſi, ce que nous ne penſons pas, quand notre augufte Monarque voudroit bien, comme on nous l'annonce, partager avec la Nation les deux tiers de ſon autorité lé-giſlative, il ſe trouveroit bientôt obligé à les reprendre, & à employer toutes les forces de l'Etat pour s'en reſaiſir. Si quelque obſtacle s'oppoſoit à cette rétractation, celui qui lui ſuccéderoit auroit toujours le droit d'arracher des mains de ſes ſujets le ſceptre que lui ſeul doit porter, & de s'emparer de ces trois couronnes que la révolte de ſes ſujets auroit voulu créer. La nouvelle conſtitution qu'on veut abſolument donner à la France, bien loin de contribuer au bonheur de la ſociété, deviendroit le principe des plus funeſtes ré-volutions, & peut-être de l'entiere deſtruc-tion de la Monarchie; ce qui ſuffiroit pour juſtifier les alarmes de nos Princes, & toutes les plaintes qu'ils ont adreſſées au Roi.

Quelques-uns de ces Auteurs déclarés pour la régénération de l'Etat, nous font entendre que les Etats-Généraux inſtitueront d'autres Tribunaux de Juſtice, & ne laiſſeront point à des Parlemens qui ne repréſentent point la Nation, les pouvoirs dont ils ont joui juſqu'à préſent. D'autres, au contraire, prétendent que ces Parlemens, ces Magiſtrats, ont toujours joui des droits impreſcriptibles qu'ils ont reçus

de la Nation même. « Les Etats-Généraux, *dit*
» *le Comte d'Ant****, statuerent sur l'ordre judi-
» ciaire ; ils entrerent, à cet égard, dans tous
» les détails, & crurent couronner leur ou-
» vrage, en établissant une Loi fondamentale,
» que de sacrileges mains devoient essayer un
» jour de renverser.

» Après avoir fait de l'inamovibilité des
» Magistrats une Loi fondamentale, & avoir
» donné à ce corps la derniere sanction, qui
» en faisoit un corps national, ils requirent
» expressément la vérification libre des Par-
» lemens en chaque contrée, &c. ». *Pag.* 145.

Rien n'est plus faux que tous ces faits qu'on
avance ; ceux mêmes qui font des Magistrats
un corps national, avouent qu'ils ne repré-
sentent point la Nation, qu'ils ne jouissent
point de ses droits. Dans la premiere institu-
tion de ces Cours, les Magistrats qui avoient
tenu, pendant quelques mois, les séances du
Parlement, n'assistoient point aux séances
suivantes ; depuis qu'il est devenu sédentaire,
les Juges ont reçu du Roi seul toute leur
autorité. Il a toujours été le maître de sup-
primer, d'augmenter le nombre des Chambres
& des Conseillers, d'étendre ou de diminuer
leur ressort, d'attribuer à de nouveaux Tribunaux une partie des droits dont le Parlement avoit joui. Nous avons vu nous-mêmes

un premier Préfident, un Procureur-Général,
donner ordre à quelques-uns de leurs confreres, de fe démettre au plus tôt de ces
charges qu'on repréfente comme inamovibles,
même par le Roi : elles ne le font, dans la
vérité, que jufqu'à ce que leur prix ait été
rembourfé. M. d'Argenfon nous explique les
vrais principes de cette prétendue inamovibilité, & nous indique les moyens d'y remédier.

« Le Roi a aliéné pour toujours la plus
» belle de toutes fes prérogatives, qui eft le
» choix de fes Officiers, & même le pouvoir
» qu'il leur communique ; l'hérédité tranfmet
» du pere aux enfans ce pouvoir, & cette
» tranfmiffion ne tient plus qu'à un agrément
» difficile à refufer. L'amovibilité de l'Officier
» qui ne pouffe pas la prévarication jufqu'à la
» groffiéreté, n'eft plus dans la main royale....
» L'intérêt de ces compagnies s'eft placé bien
» plus dans l'indépendance, que dans le zele
» du bien public.... par-là on voit de tous
» côtés négligence & infidélité dans la chofe
» publique ; en un mot, tous les mauvais effets
» qui fuivent une propriété mal acquife dans
» l'origine & dans l'inftitution.

» La vénalité des charges a la plus baffe
» de toutes les origines, l'avarice, l'argent
» & la cupidité ; elle a commencé par les

» charges de finances, puis a paffé aux ma-
» giftratures de juftice, dont il femble cepen-
» dant que l'exercice eft une efpece de facerdoce
» refpectable, & auffi peu propre aux pactes
» fimoniaques, que la jouiffance des revenus
» eccléfiaftiques, qu'on s'efforce avec tant de
» foin d'exempter de cette tache. Cet abus a
» paffé aux fonctions de la police & de l'ad-
» miniftration ; enfin, il s'eft emparé de tout.

» Comment, nous dira-t-on, rembourfer
» cette multitude d'offices ? duffiez-vous, pour
» rembourfer ces finances, aliéner des terres
» domaniales, le Roi & la Nation gagneroient
» encore beaucoup à la fuppreffion de la vé-
» nalité & de l'hérédité des offices, & de
» l'indigne trafic des parties cafuelles, que
» j'ofe dire être à la honte du gouvernement
» François (1) ».

Ainfi toutes ces charges ne font devenues
inamovibles, héréditaires, que parce que le
Roi a voulu les rendre vénales ; & leur vénalité honteufe à l'autorité royale, préjudi-
ciable à la Nation, demande qu'au plus tôt
on la fupprime. La Nation a pu propofer &
requérir l'inamovibilité de ces charges, elle
ne pouvoit pas l'accorder ; le Roi lui-même

____

(1) *Confidérations fur le Gouvernement de France.
Pag.* 150, *édit. de* 1784.

ne le pouvoit, ni ne le devoit ; mais il doit s'empreſſer de réunir à ſon autorité des droits qui n'auroient jamais dû en être ſéparés.

Les droits attachés à la ſouveraineté peuvent ſe rapporter à ces ſix objets, dont nous venons de parler. Le lecteur n'a qu'à les rapprocher les uns des autres, il appercevra bientôt qu'ils ſont tous inſéparables de la puiſſance ſouveraine. Le droit de faire la guerre ſuppoſe celui de porter des Loix & de lever des impôts ; le droit de porter des Loix exige l'obéiſſance de tous les ſujets, de la Nation entiere, & la dépendance de toutes ces puiſſances intermédiaires chargées de leur exécution ; le ſeul pouvoir exécutif qu'on voudroit laiſſer au Roi, bien loin de caractériſer la ſouveraineté de ſa puiſſançe, ſuppoſeroit au contraire dans le Monarque la plus grande dépendance de ſes ſujets, & tous ces obſtacles qu'on veut oppoſer à la puiſſance ſouveraine, nous conduiroient certainement à l'Anarchie, ſous prétexte d'éviter la tyrannie.

Dans le Chapitre ſuivant nous allons montrer les bornes de cette puiſſance ſouveraine ; d'où dérivent tous les abus qu'on peut faire de cette autorité.

CHAPITRE IV.

*Bornes de la Puiffance Souveraine, d'où dérivent
tous les abus de l'autorité.*

Nous venons de montrer l'étendue des droits
de l'autorité fouveraine. Nous allons parler,
avec la même liberté, de l'étendue des obligations qui en réfultent pour le Souverain. Nous
defirons, avec la même ardeur, le bonheur,
la gloire des uns & des autres ; ils en jouiroient
certainement, s'ils étoient également fideles
à remplir leurs obligations refpectives.

Le Souverain, dans l'ordre civil, ne voit
fur la terre aucune puiffance fupérieure
qu'il foit obligé de refpecter, aucune force
majeure qu'il doive craindre. Tous fes fujets
dépendent de lui ; il ne dépend d'eux en
rien. Il peut les difpenfer, & s'exempter lui-
même de l'obfervation des Loix arbitraires
qu'il a portées ; mais il n'a pas le même pri-
vilege pour ces Loix immuables qui leur font
antérieures ; il leur eft foumis comme tous
les autres hommes, il a même plus d'intérêts
qu'eux de s'y montrer fideles. L'eftime de fa
perfonne, le refpect pour fa dignité, l'amour

& l'attachement de son peuple, dépendent de son exactitude à observer lui-même, & à faire respecter, par ses exemples, par ses Loix, le droit de la nature, le droit humain & social, le droit religieux, le droit des gens & de son état, les conventions qu'il auroit faites, les traités qu'il auroit signés. Si quelquefois par inadvertance, par foiblesse, il donnoit dans quelques écarts, c'est à ses sujets à fermer les yeux sur ces fautes de fragilité, dont eux-mêmes se rendent tous les jours coupables, & à les excuser; mais s'il affectoit par son rang le droit de méprifer toutes ces Loix, s'il permettoit à son peuple de les violer, s'il défendoit de remplir des devoirs aussi sacrés, ce seroit s'attribuer un droit qu'il ne peut pas exercer; ce seroit abuser d'une autorité légitime pour la rendre odieuse. Les scandales, les dommages qui en résulteroient pour la Société, donneroient lieu à de justes plaintes de la part de ses sujets; c'est de ces sortes d'abus que naissent tous les malheurs du peuple, tous les troubles, toutes les révolutions dans un Etat. Nous allons parcourir ces diverses obligations, en faisant connoître ces bornes immuables qu'elles imposent même à une autorité souveraine. Il sera facile de discerner les divers abus, d'où naissent tous les désordres de la société.

§ Ier.

Premiere borne. Le Droit Naturel.

L A naiſſance du Souverain l'a jetté dans la claſſe de tous les citoyens ; il a, comme eux, tous les devoirs de la Nature à remplir. L'inſtinct eſt le même chez lui ; il nous porte à l'amour légitime de nous-mêmes ; il ſe tranſforme naturellement dans tous ces actes de vertus qui rendent l'homme ſi reſpectable ; il devient l'amour de la ſociété, de la tempérance, l'amour du travail, la fuite de l'oiſiveté, l'amour du bien & de la vérité, le deſir de la ſcience, la prudence, la circonſpection, la vigilance ſur tous les mouvemens de notre cœur, la haine de tous les vices, l'amour de toutes les vertus. Cet amour de nous-mêmes nous incline à aimer nos freres, à chérir tous ceux qui nous appartiennent, à reſpecter l'autorité paternelle, à obéir à nos maîtres, à céder à tous leurs commandemens. C'eſt par la fidélité de l'homme à remplir toutes ces obligations, qu'il peut s'attirer des louanges, & que ſa réputation peut s'étendre & paſſer juſqu'à la poſtérité.

Le Souverain, lui-même, n'a pas d'autres moyens de ſe faire aimer & honorer dans le rang ſuprême qu'il occupe ; il naît avec tous ces heureux penchans, avec les mêmes lumieres ; il eſt obligé de les ſuivre. La voix de la conſcience tient un même langage à tous les cœurs. C'eſt ſur ce fonds précieux qu'il doit non-ſeulement régler ſa conduite, mais tous les actes de ſon autorité. Une conſcience droite & éclairée doit dicter toutes ſes Loix, influer dans tous ſes commandemens. C'eſt le ſeul moyen qu'il ait pour ſe concilier l'eſtime, l'affection de ſes ſujets, & pour s'aſſurer de leur obéiſſance, de leur fidélité. S'il oſoit violer publiquement des Loix auſſi ſacrées, il s'attireroit le mépris de tous ſes ſujets. Si, comme quelques Souverains, il permettoit aux parens d'expoſer la vie de leurs enfans ; s'il ordonnoit de faire périr tous les fils mâles ; s'il ſouffroit que tous les citoyens, pour venger les moindres inſultes, expoſaſſent leurs vies & répandiſſent leur ſang ; s'il oſoit permettre à un pere d'abandonner ſes enfans & de les priver de ſes biens ; aux enfans, de déſobéir & de s'élever contre leurs peres, interdire aux pauvres de demander leurs beſoins, aux riches de ſe laiſſer toucher par leurs prieres ; s'il ſe faiſoit un devoir de punir la vertu, de récompenſer le vice, tous ces actes, même revêtus des formalités ordinaires, ſeroient deſtitués de toute autorité. Le ſujet ne pourroit pas obéir à de pareils ordres, à de ſemblables défenſes. L'amour

légitime & naturel de foi-même , le refpect
paternel , la piété filiale, l'humanité, la fageffe,
la vertu, forment autour du cœur du Souverain un cordon qu'il ne lui eft pas permis
d'outre-paffer. Tout ce qu'il entreprendroit au
préjudice des Loix de la Nature , feroit un
abus évident de fon autorité.

Il eft vrai que, pour punir les grands crimes,
la puiffance civile a le droit d'enlever aux
coupables tous les droits qu'ils tirent de la
Nature même , la liberté, les biens, la vie;
mais elle ne jouit de ce droit que par l'o-
bligation où elle fe trouve de refpecter elle-
même, & de faire refpecter les Loix naturelles
qui fe trouvent violées. Exercer de pareils
actes contre un citoyen innocent , ce feroit
commettre la plus grande injuftice.

Les philofophes du temps ne connoiffent
dans les Loix de la Nature , que celles qui
regardent la confervation des propriétés du
citoyen. Mais nous en appellons à la confcience de tous nos lecteurs ; la voix de la
Nature ne nous oblige-t-elle pas de ménager
également leur honneur , leur réputation ,
de détefter tous les crimes, d'aimer & pratiquer toutes les vertus? tous ceux qui s'aban-
donnent à ces penchans déréglés, jouiffent-ils
de la paix, de la tranquillité, comme ceux qui
fe font un devoir de les réprimer ?

§. I I.

Seconde borne. Le Droit Social.

Le Souverain, au moment qu'il se considere comme le chef de la société à laquelle il préside, est porté naturellement à en procurer le bonheur, d'où le sien dépend nécessairement.

L'instinct de la Nature, les lumieres de la Raison, lui dictent, à cet égard, tous les devoirs qu'il est obligé de remplir, pour procurer la paix & le bon ordre dans ses Etats.

Si l'orgueil, l'ambition, l'indépendance, l'avarice, l'impudicité, les calomnies, les violences, les haines, les divisions, les vols, l'injustice, exercent leur Empire sur le cœur de ses sujets, tous ces désordres causeront les plus grands troubles; & les malheurs qui en feront les suites, s'il les tolere, retomberont sur le Souverain même. Il est donc obligé, il est intéressé à faire régner dans son cœur, comme dans celui de ses peuples, toutes les vertus sociales. L'amour de la paix & de l'ordre, l'obéissance, la fidélité, la douceur, la modération, la bienfaisance, la charité, la chasteté, la justice, l'équité, la subordination, le respect pour tous ceux avec qui il a partagé fon autorité ; les chaînes qui luî attachent tous fes fujets & qui les rendent dépendans , doivent rendre leurs perfonnes encore plus précieufes , il ne doit pas les regarder comme des ferfs , des efclaves ; ils font fes enfans , fes freres , fes ferviteurs , fes tributaires. C'eft dans eux qu'il trouve l'appui de fon trône , les défenfeurs de fes droits , les forces de fon Etat , les reffources dans fes befoins. Dominer fur eux par la crainte & la terreur , exercer contre la multitude des actes d'injuftice, ce n'eft pas régner fur eux , c'eft foulever les cœurs & les détacher. L'éclat , la ftabilité de fon trône dépend encore plus de l'eftime , de l'affection qu'il a pour fon peuple , que des forces qu'il a entre fes mains.

Si donc il affectoit de méprifer publiquement toutes ces vertus , de négliger des devoirs auffi importans pour le bien de la fociété , il attireroit fur fa perfonne le mépris , l'indifférence , l'éloignement de tous fes fujets ; s'il ofoit tolérer tous ces vices , & permettre dans fes Etats , la lubricité , la fornication , l'adultere , tous ces actes infâmes qui déshonorent les fociétés , qui caufent les haines , les diffenfions; s'il ofoit enlever aux propriétaires leurs fonds , ces parties de leurs revenus dont ils ne peuvent pas difpofer ; fi , pour le plaifir de fes chaffes , il laiffoit détruire les producductions de leurs terres ; s'il exerçoit contre eux des rigueurs que les Loix n'ont jamais prononcées, &c., tous ces ordres, tous ces jugemens feroient nuls & injuftes ; ils fe trouveroient dans une oppofition évidente avec les Loix du droit focial. La juftice, l'équité, l'honnêteté, la bonté, la douceur, la protection qu'il doit à fes fujets, mettent autour de fa puiffance des barrieres qu'il ne lui eft pas permis de paffer : fon autorité ceffe où le mal de fes fujets commence. Tous ces actes feroient bien une fuite des forces qu'il a en main, mais ils feroient des abus honteux de fon autorité.

§. I I I.

Troifieme borne. Le Droit Religieux.

LES premieres réflexions de l'homme fur les principes de fon être, l'ont élevé à la connoiffance de Dieu, avant même qu'il eût entendu parler de la révélation.

Au moment qu'il a connu l'auteur de fon exiftence, le premier ordre de fes affections a changé. Le refpect, l'amour pour fon Dieu, a pris la premiere place dans fon cœur, & lui ont imprimé les plus grandes idées de cet Etre Suprême, le plus grand zele pour fa gloire, la plus grande ardeur pour lui offrir

le

le culte qui lui eſt dû , & pour mériter ſes bontés.

Au moment que le Souverain a jetté ſes regards ſur ce maître de l'Univers , qu'il l'a connu comme l'auteur de ſon exiſtence , l'arbitre de ſon ſort , le juge de toutes ſes actions , il s'eſt vu obligé de vivre dans la plus grande dépendance , & de mériter , par la ſageſſe de ſa conduite , ſa protection & ſa bienveillance.

Lorſqu'il s'eſt regardé lui-même , comme tenant la place de cet Etre Suprême , & comme l'inſtrument dont ſa providence a bien voulu ſe ſervir , pour procurer le bien de l'humanité , il s'eſt trouvé chargé de connoître ſes deſſeins , d'entrer dans ſes vues , de réprimer tous ces déſordres qui dérangent la ſociété , de punir tous les crimes , & de faire triompher la Religion , en y faiſant régner toutes les vertus.

Lorſqu'il fait attention à ce ſceptre , que Dieu lui-même a mis dans ſes mains , comme le ſymbole de ſon autorité légiſlative , il ſent la néceſſité de reſpecter lui - même , & de faire obſerver par tous ſes ſujets , toutes les Loix de la Raiſon , de les expliquer , de les développer , de les appuyer de ſon auto-rité , & de puiſer dans la ſageſſe de ces regles , toutes celles qu'il doit preſcrire à ſes

fujets , pour les porter, par fes exemples, par
fes leçons, à rendre à Dieu tout ce qui lui
eſt dû , afin qu'ils rendent à Céfar tout ce
qui eſt dû à Céfar.

Toutes ces obligations font fi frappantes,
que, malgré les erreurs groſſieres de l'idolatrie,
les Païens , eux-mêmes, fe faifoient un devoir
de les obferver. Les Romains avoient établi
une puiſſance religieufe, dont toutes les Loix
devoient être obſervées exactement, même
par les chefs de la puiſſance civile.

Le Souverain qui connoît fon Dieu, eſt
donc tenu de refpecter lui-même & de faire
obferver toutes les Loix de la Religion naturelle. Si, dans les ténebres affreufes , où
s'efforce de nous plonger la nouvelle philofophie, il fe faifoit un honneur de fuivre fes
infâmes principes , il auroit bientôt perdu
l'eſtime , la confiance de tous fes fujets honnêtes. S'il ofoit les contredire & défendre à
fon peuple d'adorer un Dieu, de l'aimer,
de le craindre, d'efpérer en fes bontés ; s'il
lui ôtoit la liberté de révérer fa puiſſance,
de raconter fes bienfaits , de redouter fes
châtimens , de lui offrir un culte public ; s'il
lui défendoit d'éviter la fréquentation des
impies, de leur reprocher leurs blafphêmes,
comme le defirent les régénérateurs de la
France ; ces ordonnances, ces défenfes feroient

nulles & deſtituées de toute autorité. Il a en main des forces ſuffiſantes pour commettre les plus grandes violences ; mais il n'a point reçu de Dieu le pouvoir de l'outrager. Sous quelque forme que paruſſent ces préceptes, ils ſeroient nuls, & ces défenſes illégales. E es ſe trouveroient dans une contradiction évidente avec les Loix religieuſes. L'amour de Dieu, le zele de ſa gloire, la confiance dans ſes bontés, la fidélité à exécuter ſes ordres, à ſe ſoumettre à toutes ſes volontés, forment même au-deſſus de ſa couronne, un trône éminent qu'il eſt obligé de révérer. Toutes les atteintes qu'il porteroit à cette puiſſance ſupérieure, ſeroient autant d'actes d'irréligion & d'impiété ; de pareilles infractions ſeroient des abus odieux de ſon autorité.

§. I V.

Quatrieme borne. La Religion révélée.

UN Souverain qui a embraſſé la Religion Chrétienne, ne peut pas refuſer au Roi des Rois la plus entiere dépendance, l'obéiſſance la plus exacte, la reconnoiſſance la plus étendue, le zele le plus ardent pour ſa gloire, la fidélité la plus inviolable.

Le Roi Très-Chrétien voit, dans ces pages ſacrées, que la Foi met ſous ſes yeux les

prodiges opérés en fa faveur , les grands
deſſeins de Dieu fur l'homme , les motifs
nobles qui doivent l'animer , la pureté , l'innocence des mœurs qu'il exige , le mépris des
plaiſirs des fens , le détachement de ces biens
qui doivent lui être bientôt enlevés , les
récompenfes fublimes qui lui font préparées,
les deſirs ardens qu'il doit former pour ce
bonheur éternel qui lui eſt deſtiné. Dans
fes propres Etats , il voit à fes côtés cette
puiſſance fpirituelle que Jéfus-Chriſt a établie
pour le repréfenter dans tout ce qui concerne
les droits de la Religion , à laquelle lui-même
doit être foumis. Il l'entend annoncer à fes
peuples, les dogmes qu'ils doivent croire ,
les vertus qu'ils doivent pratiquer , la fain-
teté , la fublimité du culte qu'ils doivent offrir
à Dieu , les rits , la difcipline qu'ils doivent
fuivre , l'obéiſſance qu'ils doivent à toutes les
Loix de la Religion Chrétienne.

Il voit fes premiers Paſteurs donner l'exemple
de la foumiſſion qui eſt due à lui-même ; il
les entend inviter , exhorter tous fes fujets à
remplir tous les devoirs du citoyen , à payer
le tribut , à montrer le plus grand courage
pour le maintien de fon autorité & la défenfe de la patrie , & à lui rendre la plus
parfaite obéiſſance.

Il a d'autant moins de prétextes pour redouter cette puiſſance religieuſe, qu'elle ſe fait un devoir de ſoutenir & de défendre l'autorité du Monarque, & que, pour conſerver les droits de Dieu même, elle avoue qu'elle n'a point d'autres moyens que de recevoir avec la plus grande patience tous les coups que l'irréligion voudra lui porter. Jamais dans un vrai Chrétien, on n'a pu appercevoir les moindres penchans, pour ſe révolter contre la puiſſance temporelle.

Ce beau ſpectacle ſuffit bien pour faire connoître au Souverain combien il eſt obligé, intéreſſé à remplir tous les devoirs du Chriſtianiſme, à ſoutenir, à protéger la puiſſance ſpirituelle, à entretenir avec elle la plus grande union, la concorde la plus parfaite, à faire reſpecter toutes ſes Loix, à favoriſer tous ſes établiſſemens, à reſpecter tous ſes droits, toutes ſes propriétés, à concourir avec elle, afin de lui procurer pour Miniſtres les ſujets les plus vertueux, les plus éclairés, pour former ces ſynodes, ces conciles provinciaux ſi néceſſaires pour la conſervation de la foi, la réformation des mœurs & le maintien de la diſcipline eccléſiaſtique. Ces obligations ont toujours été reſpectées depuis Clovis juſqu'à nous. Tous nos Monarques ſe ſont fait un honneur de ſe qualifier de *protecteurs, gardes-con-*

*fervateurs & exécuteurs des Loix de la puiffance
religieufe.*

Par conféquent, un Monarque qui affi-
cheroit la plus grande indifférence pour la
Religion Chrétienne, & fe feroit un plaifir
de tolérer fans diftinction les fectes de Déiftes,
d'Athées, d'Hérétiques, cette coupable tolérance ébranleroit les premiers fondemens de
fa propre autorité ; s'il ofoit protéger ouvertement l'héréfie, l'irréligion, afficher l'impiété,
combattre les vérités de la foi, abolir peu-à-
peu fon culte, renverfer fes temples, piller
les vafes facrés, s'emparer des biens confacrés
à Dieu, détruire les maifons de piété, enlever
aux premiers Pafteurs le droit d'enfeigner les
vérités de la foi, de condamner l'erreur,
d'inftruire les jeunes eccléfiaftiques, d'entretenir les fideles dans les pratiques de la piété ;
s'il ofoit défendre à fes fujets de reconnoître
pour chef de l'églife le fouverain Pontife,
de fe laiffer conduire par leurs Pafteurs, de
déférer à leurs avis, de fréquenter les églifes,
d'obferver les jeûnes, les abftinences, & aux
eccléfiaftiques du fecond ordre, d'obéir à leurs
Evêques, dans les fonctions de leur miniftere ;
s'il ofoit ajouter à ces défenfes, les peines
rigoureufes que les Idolâtres infligerent autrefois aux premiers Catholiques, la confifcation
des biens, la faifie des revenus, l'exil, le

baniſſement, la mort même ; les miniſtres ; les ſujets de l'égliſe devroient continuer à reſpecter & obſerver toutes les autres Loix civiles ; mais ils ſe trouveroient dans l'impuiſſance de ſe ſoumettre à tous ces ordres dont nous venons de parler , & dans la néceſſité de prier pour leurs perſécuteurs , de montrer , pour défendre la Religion , le plus grand courage , & de faire les plus grands ſacrifices pour témoigner à Dieu leur attachement. Les Chrétiens , juſqu'à préſent , ont continué de donner ces grands exemples.

Les régénérateurs de cet Etat ſoutiennent qu'un Monarque n'a pas le pouvoir d'ôter à ces ſujets la liberté de ſe livrer à tous leurs penchans , pourvu qu'ils ſachent reſpecter les propriétés des citoyens ; comment auroit - il donc le droit d'enlever aux Chrétiens les plus vertueux la liberté d'adorer le vrai Dieu , & d'obſerver tous les préceptes de l'égliſe ? La connoiſſance de Jéſus - Chriſt , la ſainteté de ſa morale , la pureté de ſon culte , l'évangile , l'autorité de ſon égliſe ; mettant dans toutes les provinces de ſon Etat , des bornes aux pouvoirs du Souverain , qu'il ne lui fut jamais permis de paſſer ; il n'a aucune autorité pour faire le mal de la ſociété , encore moins le mal de la vraie Religion : toutes ces Loix qui porteroient les moindres atteintes à ces droits facrés, feroient d'une nullité évidente, des preuves manifeftes d'irréligion & les abus les plus crians de l'autorité.

§. V.

Cinquieme borne. Le Droit Public, & les Loix fondamentales de l'Etat.

LE Monarque, malgré la fouveraineté de fon pouvoir, & fon indépendance abfolue de fes fujets, eft néanmoins obligé de ref- pecter & de maintenir dans toutes leurs forces ces fortes de Loix humaines qui font des premieres branches du droit naturel, adoptées, obfervées par tous les Souverains, ou formées & publiées par le Monarque, avec le con- fentement & l'approbation des fujets, ou propofées par les fujets & agréées, confenties, confirmées, publiées, exécutées par le Sou- verain lui-même, pour fixer la conftitution de l'Etat. Ces fortes de Loix, quoique fondées dans le droit naturel, tirent une nouvelle force obligatoire, & de l'autorité du Prince, & du confentement & des promeffes libres des fujets. Elles font regardées comme les premiers fondemens du gouvernement, & comme les principes immuables du droit public. Elles concernent principalement les déclarations de guerre, la fucceffion au trône,

l'adminiſtration de la Juſtice & des Finances.
Toutes les autres Loix doivent être des conféquences de ces premieres , & ſe trouver
parfaitement concordantes avec elles. Le
Souverain eſt obligé de reſpecter ces Loix
primitives. Il eſt ſoumis au droit naturel
comme tous les autres hommes ; il ne dépend
pas de la volonté arbitraire de ſes ſujets ; mais
lorſqu'il les a requis d'approuver une des
branches du droit naturel , qu'à leur conſentement exprès , il a ajouté ſes promeſſes , des
engagemens , il ne peut plus s'y ſouſtraire ;
toutes les atteintes qu'il porteroit à ces Loix
fondamentales , ſeroient nulles , de nul effet.

Par exemple, ſi, ſans aucun prétexte, il
ordonnoit à ſes guerriers, dans un royaume
ennemi , de tuer, de maſſacrer toute cette
partie du peuple qui n'a jamais porté les
armes, & qui n'a pas penſé ſeulement à ſe
défendre.

S'il ordonnoit de n'avoir aucun égard à
la Loi Salique, & qu'il voulût faire monter
ſur le trône, ou un ſexe à qui il a été toujours interdit, ou tout autre deſcendant que
l'héritier préſomptif.

S'il entreprenoit de ſupprimer tous les
tribunaux établis par l'adminiſtration de la
Juſtice, ſans ſubſtituer à leur place, & dans
les mêmes principes, des corps auſſi éclairés,

auffi vertueux, auffi dignes de la confiance
du public, & revêtus des mêmes pouvoirs;
fi les formalités prefcrites pour l'adminiftration de la juftice étoient vicieufes; fi les citoyens fe trouvoient expofés à de pénibles
voyages, à de trop long délais, à des droits
de timbre, de contrôle exorbitans, à des frais
exceffifs; fi, pour réclamer une fomme de
cent livres, il étoit indifpenfable d'en dépenfer
trois cents; fi, pour accélérer le jugement &
fe le rendre favorable, la coutume avoit in-
troduit des préfens confidérables à faire aux
fecrétaires du rapporteur, les plaintes portées
au Souverain feroient juftes, & la réforme
de tous ces abus feroit alors néceffaire.

Si le Souverain trompé confioit à des perfonnes diffamées par leur prodigalité, leurs
dettes, leur avarice, la régie des finances de
l'Etat; s'il leur laiffoit la liberté de porter
les impôts au taux qu'il leur plairoit, de
les répartir à leur gré, fans aucune égalité,
& de les employer pour des befoins étrangers
à ceux de l'Etat; s'il les difpenfoit de rendre
aucun compte & de leur recette & de leur
dépenfe, il leur conféreroit alors des droits qu'il
n'a pas lui-même; il a bien en main des forces
fuffifantes pour exécuter toutes ces entreprifes;
mais il n'a aucune autorité pour commettre
des injuftices auffi criantes. Sa conduite de-

viendroit odieufe à la Nation, tous fes commandemens nuls & contraires aux Loix
fondamentales. Le droit des gens, les propriétés naturelles des fujets, l'obligation où
ils font de contribuer feulement aux befoins
de l'Etat, forment autour du Monarque un
cercle affez étroit, dans lequel il eft obligé
de fe contenir. S'il en fortoit, les cris, les
gémiffemens de fes fujets, lui cauferoient des
allarmes, leurs plaintes feroient fondées; il fe
trouveroit dans l'impuiffance de répondre à
leurs remontrances; les émotions, les troubles,
les féditions ébranleroient fon Etat; il ne
pourroit les appaifer qu'en rétabliffant l'ordre
ancien, & c'eft fur-tout dans l'adminiftration
des finances confacrées au bonheur de l'Etat,
qu'il ne doit pas laiffer à fes fujets les moindres
foupçons des abus de fon autorité.

On a dit au Roi, *qu'une fatisfaction attachée
à un pouvoir fans limites, étoit toute d'imagination.*
S'il s'agiffoit de ces bornes immuables que
le droit naturel, le droit religieux, la conftitution de l'Etat, ont impofées au pouvoir du
Souverain; ce feroit un crime de fe flatter
de pouvoir les tranfgreffer; mais s'il s'agiffoit
de ces nouvelles bornes arbitraires, que nos
régénérateurs fe propofent de circonfcrire, ce
feroit donner à Sa Majefté un confeil perfide,
que l'engager à fouffrir que fon autorité fût

de nouveau refferrée & raccourcie ; la Nation
a le droit de fupplier le Roi de refpecter ces
bornes immuables & antérieures ; mais elle n'a
aucun pouvoir de tracer de nouvelles limites ,
ni aucune autorité , aucune force pour le
contraindre à s'y renfermer.

§. V I.

Sixieme borne. Les conventions avec les Provinces

privilégiées.

QUELQUES-UNES de nos provinces, jadis
étrangeres à la France , ont été réunies à fon
Empire à certaines conditions , pour leur
conferver des droits dont elles jouiffoient avant
leur réunion. Ces conditions ftipulées expref-
fément par la province , avant de fe foumettre , ont été accordées dans des traités
folemnels , paffés entre le Souverain & fes
nouveaux fujets , reconnues & confirmées par
fes fucceffeurs à leur avénement au trône,
& quelquefois renouvellées avec ferment dans
les affemblées périodiques de la province.

Ces conditions exigées , accordées par nos
Rois , regardent principalement la manière
de fixer & de percevoir les impôts , d'ad-
miniftrer la juftice , & la confervation des
privileges donnés aux divers ordres de ces
Etats.

Lorſque certaines graces, certains privileges ont été accordés gratuitement à certaines villes, à certains pays, à certains corps, ſi le bien public l'exige, le Souverain peut, ſans injuſtice, les retirer & y déroger, Il n'en eſt pas ainſi des conditions expreſſément exigées par des ſujets encore indépendans, que le Souverain s'eſt trouvé obligé d'accorder pour les rendre ſoumis. Son autorité n'eſt ſouveraine & abſolue, que dans les bornes où il a juré de ſe contenir.

Si quelqu'une de ces provinces s'étoit rendue coupable d'une rebellion manifeſte ; après l'avoir vaincue par la force de ſes armes, le Souverain, pour punir les rebelles, pourroit les dépouiller de tous les privileges qui leur auroient été concédés. Ce ne ſeroit plus une province qui ſe ſeroit offerte volontiers au Gouvernement, mais un Etat qu'il auroit conquis. Tandis que ces provinces privilégiées ſont fidelles à leurs devoirs, & ſe contiennent dans l'obéiſſance qu'elles ont promiſes, encore que le Monarque eût dans ſes mains des forces plus que ſuffiſantes pour les conquérir, il ne peut pas l'entreprendre, ſans commettre la plus grande injuſtice & manquer à ſes ſermens. Si ces peuples élevent la voix pour faire entendre de juſtes plaintes, pour adreſſer de ſages remontrances, d'humbles ſupplications, s'ils diffèrent d'obéir feulement, jufqu'à ce que le Roi foit inftruit des vexations qu'ils éprouvent, & qu'il ait daigné répondre à leurs plaintes, ils ne font point coupables. Le Roi eft obligé de refpecter les engagemens qu'il a pris, d'informer la province de la juftice de fes demandes & de la fageffe de fes Loix.

Si le bien du Royaume entier, l'ordre public exigeoient quelque léger changement dans la conftitution promife à ces fortes de provinces; ce feroit par des avis, des confeils, par des demandes appuyées fur de fortes raifons, de puiffans motifs, & non pas par la force des armes, le poids de l'autorité, qu'il faudroit l'obtenir. Voilà des obligations folemnellement contractées par le Souverain.

En conféquence, s'il publioit qu'il veut enlever à ces provinces les privileges dont elles ont toujours joui; s'il leur refufoit la permiffion de s'affembler dans les périodes convenues; s'il fe portoit à changer l'ordre établi pour la perception des impôts; s'il entreprenoit d'anéantir les tribunaux de juftice, les Loix, les coutumes, fuivant lefquelles il avoit promis que ces provinces feroient gouvernées; s'il vouloit enlever de force aux divers ordres de ces provinces, les rangs, les privileges, les droits qu'il leur avoit accordés & qu'il avoit juré de leur conferver; ces nouvelles Loix feroient des infractions évidentes, des conditions ftipulées, des promeffes accordées.

A l'égard d'une province qui n'eft pas coupable, il n'a pas droit de manquer à fes engagemens. Un peuple qui ne s'eft foumis que fous des conditions qu'il voit violer ouvertement, pourroit fe perfuader qu'il ceffe d'être dépendant, & fe foulever contre celui qui manque à fes fermens. Le cri de la confcience, les promeffes qu'il a faites, les traités qu'il a fignés font des obftacles que le Souverain ne peut pas renverfer, & des bornes qu'il ne lui eft pas permis de franchir : tout ce qu'il entreprendroit au-delà, feroit des actes d'injuftice, & des abus formels de fes forces & de fon autorité.

De ces mêmes fondemens fur lefquels porte l'autorité fouveraine, on vient de voir fortir des bornes qui la circonfcrivent. Ces bornes que le Monarque eft obligé de refpecter, exigent de lui une attention foutenue, un travail continuel. Par-là, les places les plus éminentes font auffi les plus accablantes : toutes ces obligations doivent mettre un terme à l'amour propre du Souverain ; mais elles doivent infpirer aux fujets la plus humble foumiffion, la plus grande déférence.

Lorfque les ordres du Souverain n'ont

qu'une légere apparence d'injuftice, & qu'il eft douteux s'il a paffé fes pouvoirs, le fujet eft obligé de préfumer en faveur de fon maître, & il doit s'en rapporter à fa fageffe. Lors même qu'il eft évident qu'il eft forti de ces bornes, s'il ne s'agit que de fupporter quelques pertes légeres, de faire quelques petits facrifices paffagers, le fujet doit profiter de ces occafions pour donner au Monarque des preuves éclatantes de fon refpect profond & de fon attachement.

Mais fi ces Loix, ces commandemens, préfentoient le caractere d'une injuftice, telle que le fujet ne pourroit pas y déférer, il fe trouve alors obligé de recourir à ces reffources honnêtes, que le droit naturel a ménagées à toute la Nation, pour fe mettre à couvert de tous les abus de l'autorité, & remédier aux malheurs de l'Etat.

Nous allons, dans le dernier Chapitre, indiquer ces reffources.

CHAPITRE

CHAPITRE V.

Ressources de la Nation, pour remédier aux abus évidens de l'autorité souveraine.

CETTE suite de principes, sur lesquels sont fondés les droits & les bornes de la puissance royale, va nous découvrir les droits véritables que les Loix de la nature donnent à tous les sujets, à toutes les Nations, pour se mettre à couvert des abus de l'autorité souveraine. Ces abus ne sont pas particuliers à la France.

Premierement, aucune des sociétés humaines qui ont existé & existent encore, celle même où Dieu a présidé, n'ont jamais joui d'une paix constante, d'un bonheur toujours le même. A quelque rang qu'il soit élevé, l'homme le plus éclairé peut donner dans l'erreur ; l'homme le plus vertueux peut commettre des fautes. Si les supérieurs peuvent passer les bornes de leurs pouvoirs, les inférieurs peuvent également sortir des bornes d'une obéissance légitime ; & c'est principalement des écarts de ceux-ci, que naissent ordinairement les malheurs d'un Etat, ces funestes révolutions qui le font disparoître.

I

Secondement, fi, en France, comme ailleurs, on a éprouvé de temps-en-temps des troubles, des guerres inteftines, ce n'a jamais été de la part de la Nation entiere. On convient qu'elle n'a jamais été légalement affemblée. Le plus grand nombre des François a toujours été fidele au Souverain ; ces foulevemens font toujours partis de diverfes cabales, de diverfes factions, auxquelles préfidoient des efprits ambitieux, des cœurs jaloux, des grands irrités, des hérétiques furieux : encore n'ont-ils ofé fe porter à ces excès, que dans la vacance du trône, fous quelques minorités, fous des Rois foibles, ou trompés par des Miniftres odieux.

Troifiemement, jamais dans ces momens fi critiques, la Nation n'a penfé à fe revêtir elle-même de l'autorité fouveraine ; l'héréfie feule avoit dreffé un plan, pour s'emparer de toutes les finances de l'Etat ; tous les autres fujets n'ont jamais reconnu d'autre autorité que celle qui réfide dans les mains du Monarque. Un même corps ne peut pas avoir deux chefs, qui aient le droit de lui commander. S'il exiftoit en France deux autorités indépendantes, il y auroit deux fociétés diftinguées ; s'il exiftoit des forces extérieures, infubordonnées, & oppofées les unes aux autres, il exifteroit deux fociétés avec le droit

& le pouvoir de se combattre & de devenir ennemies. L'unité de la société dépend absolument de l'unité d'autorité, de l'unité des forces nécessaires, pour soutenir l'autorité souveraine.

Quatriemement, nous ne pouvons pas le dissimuler; il y a eu en France, comme dans les autres Royaumes, plusieurs abus de l'autorité royale. Mais ils ont été presque toujours commis, non par le Souverain, mais par ses Ministres, par les dépositaires de son autorité. On a vu des ordres injustes qui portoient des atteintes considérables à la liberté de quelques sujets, à leurs propriétés, à leur famille. On a pu voir des Loix évidemment injustes, qui défendoient aux citoyens de remplir leurs obligations, ou qui leur ordonnerent certains actes qui leur étoient défendus par le droit naturel, par le droit religieux. La Nation a fait entendre ses plaintes; elle a sollicité avec ardeur la réforme de ces abus; souvent elle a obtenu ses demandes; mais elle n'a jamais employé que ces moyens honnêtes, que le droit naturel, le droit religieux, le droit public, permettent de mettre en œuvre: éclairer Sa Majesté sur les dommages qu'elle cause, la supplier humblement de les faire cesser, & de révoquer des Loix évidemment injustes; attendre en patience le succès de leurs plaintes & de leurs demandes : *Doléances, remontrances, humbles supplications ;* voilà les reſſources des inférieurs contre leurs ſupérieurs. Entreprendre au-delà, ce ſeroit manquer au profond reſpect qui eſt dû à leurs perſonnes, lors même que, par ſurpriſe, par erreur, elles ont outre-paſſé leurs droits.

La Nation entiere n'a jamais paſſé ces bornes, ni prétendu dépouiller le Souverain, pour confier une partie de ſes pouvoirs à ſes ſujets. Ceux-ci pourroient commettre encore de plus grands abus, & il ſeroit bien plus difficile d'y remédier ſous trois puiſſances légiſlatives.

Les Etats-Généraux nous ont donné pluſieurs exemples de ces très-humbles & très-reſpectueuſes remontrances. Ils n'ont jamais tenté de changer la conſtitution de cette Monarchie ; &, malgré les intrigues que l'on fait jouer aujourd'hui, malgré les conſeils pervers qu'on donne à la Nation, les ſentimens de révolte qu'on lui impute, nous la croyons encore incapable de donner dans ces excès ; elle a d'autres reſſources en main ; & ces reſſources, ſoit qu'elle ſoit diſperſée, ſoit qu'elle ſoit aſſemblée, ſuffiront & pour réparer les dommages qu'elle a ſoufferts, & pour prévenir les malheurs qui la menacent. C'eſt ce que nous allons démontrer dans nos derniers paragraphes, où nous examinerons d'abord les divers corps qui forment cette Nation, & les diverses formes qui caractérisent ses différentes assemblées.

§ Ier.

La Nation dispersée ; les Sujets isolés ;

leurs ressources.

LA Nation est bien plus souvent dispersée qu'assemblée ; & tous ses membres isolés se trouvent encore plus ordinairement exposés à des traits d'injustice, que les grands corps & les provinces entieres ; quelles ressources ont-ils pour s'en libérer ?

Nos régénérateurs veulent aujourd'hui leur mettre en main des moyens infaillibles pour les garantir de tous ces abus. Occupés uniquement du bien des individus, ils s'efforcent de leur persuader, premierement, qu'ils sont nés dans l'indépendance la plus absolue.

Secondement, qu'ils doivent jouir de la liberté la plus pleine, la plus entiere.

Troisiemement, qu'un contrat social qui existe, a mis des bornes à l'autorité accordée au Monarque, & qu'il sera toujours permis de la retirer de ses mains.

Principes faux, extravagans, qui causeroient nécessairement le malheur de toutes les sociétés, & de tous les membres qui les composent.

Premierement, fi l'homme eſt né indépendant, il ne dépend donc point d'aucun des
membres de la Nation, il ne dépend donc
point même de la Nation aſſemblée ; elle ne
peut avoir, par elle-même, aucun droit à
exercer ſur lui ; il peut lui réſiſter ſans crime,
il peut s'aſſocier avec une grande partie du
peuple, ſe ſéparer de l'autre, & former un
nouvel Etat. Cette nouvelle ſociété indépendante de l'autre, peut ſe diviſer encore en
de nouvelles provinces, en diverſes factions
également indépendantes, qui auront le droit
d'oppoſer la force à la force ; la tyrannie,
le deſpotiſme ſeuls pourront les réunir, &
leurs chaînes feront les ſeuls liens qui pourroient
donner à toutes les ſociétés le moindre degré
de ſtabilité. Voilà les ſuites inévitables de ces
principes abſurdes. Fermons nos oreilles à
tous ces propos ſéditieux, pour nous arrêter
à la vérité des faits, & ne ſuivre que les lumieres de la raiſon.

L'homme eſt né dans la plus grande dépendance de tous ceux qui l'environnoient.
Parvenu à un âge mûr, il ne dépend plus de
ſes inférieurs, de ſes égaux, des étrangers ;
mais il ſe trouve ſoumis, dans tous les inſ-
tans de ſa vie, à tous ceux qui ont été élevés
au-deſſus de lui, pour établir & conſerver
l'ordre dans la ſociété.

Cette dépendance d'une autorité fouveraine n'eft pas ce qui l'abaiffe & ce qui l'avilit ; au contraire, c'eft fon obéiffance, fa fidélité, qui lui affurent les fecours, les bienfaits, & la protection des puiffances.

Secondement, fi l'homme eft né libre, ce n'eft pas pour fe livrer à tous fes mauvais penchans, pour commettre toutes fortes de crimes, & s'abandonner à fes caprices. Il eft né libre pour faire le bien , pour choifir les routes les plus honnêtes, pour cultiver les talens qui lui plaifent davantage , pour choifir, dans fes befoins , les remedes qui lui conviennent , pour mériter, par la violence qu'il fe fait à lui-même, les récompenfes attachées à la vertu. S'il a le pouvoir de faire le mal, de fe révolter contre fes fupérieurs, de violer toutes leurs Loix, ce pouvoir n'eft pas légitime, il n'a pas le droit d'en ufer ; & s'il donne dans ces écarts, il eft inexcufable, il s'expofe à toutes les punitions attachées à ces délits.

Ce n'eft pas ce défaut de liberté, pour faire le mal, qui rend le fort de l'homme fi malheureux ; au contraire , ce font ces bornes impofées à fa volonté, qui l'éloignent du mal ; & fi elles étoient refpectées de tous les individus, l'homme le plus fage, le plus vertueux, ne fe trouveroit pas expofé à des

injuftices, à des attaques, à des vexations
qu'il eft obligé de fouffrir en patience, fur-
tout lorfqu'elles partent de perfonnes refpectables, qui fouvent n'ont pas pu les prévoir
& les réprimer.

Troifiemement, quel eft ce contrat focial
qu'on nous indique pour une troifieme ·ref-
fource contre les abus de l'autorité ? à quelle
époque, par qui a-t-il été figné ? en connoît-
on toutes les difpofitions ? eft-il bien conftant
que la Nation s'eft réfervé le droit de fe foumettre le Monarque, de le juger, de le flétrir,
de le dépouiller ?

Si l'homme eft né indépendant de tous fes
confreres qui exiftent, il doit l'être encore plus
de tous ceux qui, depuis plus de mille ans,
ont ceffé d'exifter. Ils n'ont jamais pu lui
impofer des obligations arbitraires, ni lui
affurer des droits qu'ils devoient perdre avec
la vie. Ce n'eft donc pas pour nous & en
notre nom que cet acte imaginaire a été
paffé; quand on le produiroit aujourd'hui,
revêtu de toutes les formes, il feroit facile
& aux fujets de le méconnoître, & au Souverain actuel de le rejetter, fur-tout dans les
principes de nos indépendans. La poffeffion
du Monarque fuffiroit pour annuller ce titre
qu'il n'a jamais ni connu ni approuvé. Depuis
l'origine de la Monarchie, a-t-on vu un

citoyen honnête citer cet acte folemnel pour fe mettre à l'abri de l'injuftice , infifter fur fon indépendance abfolue , & demander la convocation des Etats, pour retirer des mains du Souverain le pouvoir dont la Nation l'avoit gratifié? ces moyens infenfés que nos Frondeurs veulent faire adopter à toute la Nation, ne font donc que des affertions dépourvues de bon fens, & des illufions groffieres.

Dans toutes les fociétés réglées, on ne connoît point une autorité qu'on puiffe oppofer à une autorité. On ne peut avoir d'autres recours qu'à la fageffe, à l'équité, à la juftice, à la bonté du Monarque.

Le citoyen a le droit d'éclairer fa fageffe, en mettant fous fes yeux les preuves évidentes des vexations qu'il éprouve , des atteintes portées à fa liberté, des charges exorbitantes impofées à fa petite fortune. Il a droit de réclamer fon équité, fa juftice, en lui rappellant les Loix naturelles, les Loix religieufes, les Loix civiles qu'on s'eft permis de violer pour l'opprimer. Il a le droit de fe jetter à fes pieds pour toucher fon cœur, pour implorer fes bontés , pour lui témoigner fa confiance & fes efpérances; *doléances, remontrances , humbles fupplications, vives inftances.* Nous défions tous nos régénérateurs, de nous indiquer des reffources plus fûres, plus efficaces, plus faciles.

Les Lettres-de-cachet frappent affez fouvent un grand nombre de citoyens innocens. On exige des Etats-Généraux qu'ils enlevent au Roi cette maniere d'exercer fon autorité, & le vœu général de la Nation entiere paroît porté de ce côté. Mais cet ufage de l'autorité fuprême n'eft point nouveau ; il caractérife l'autorité fouveraine ; elle doit toujours être exercée au nom du Monarque ; elle eft abfolument néceffaire pour prévenir & arrêter les révoltes, pour faire ceffer fur-le-champ tous les troubles, pour prévenir les fcandales, le déshonneur des familles, & la perte de leurs biens ; pour mettre un frein aux violences, aux fureurs des têtes dérangées. Quand on n'en fera ufage que par des motifs femblables, on n'aura pas lieu de s'en plaindre. Quelques-uns de ces Magiftrats qui avoient demandé la ceffation de tous ces ordres fecrets, peu de jours après, ont été folliciter humblement comme des graces, ces ordres qu'ils avoient jugés des actes de la plus grande injuftice.

Il eft vrai que le Miniftre peut être trompé par de fauffes requêtes ; mais tous les dépofitaires de l'autorité, dans quelques manieres qu'ils procedent, font égalemens fujets à l'erreur. Combien de citoyens vertueux, par des décrets de prifes de corps portés fur de fimples plaintes , par des arrêts des Cours fouveraines, ont perdu leur honneur , leur liberté , leurs biens & leur vie même ; avec cette différence que, toutes les formalités ayant été obfervées , on n'a plus ni le temps , ni les moyens de fe plaindre & de fe faire écouter ; au lieu que les Lettres-de-cachet n'ont pour objet que le tranfport d'un citoyen d'un lieu à un autre, ou leur renfermement pour un temps paffager. On a toujours la liberté de prouver fon innocence, & de faire connoître l'injuftice de fes dénonciateurs.

Ce qu'on pourroit defirer de plus, c'eft une juftice que l'équité du Roi fe feroit un plaifir d'accorder ; favoir : un petit *Comité* de Jurifconfultes éclairés , prudens , integres , indépendans & des Miniftres & des Cours fouveraines, qui feroient chargés d'écouter les plaintes contre les Lettres-de-cachet fignifiées , de recevoir & d'examiner toutes les remontrances , de conftater la vérité des faits alléguées de part & d'autre , & de communiquer au Souverain le jugement qu'ils auroient porté , afin de le déterminer à rendre la juftice qui paroîtroit être due. Les divers corps de la Nation n'ont pas d'autres moyens pour fe garantir des abus de l'autorité.

§. II.

Les divers Corps & les différentes Communautés du Tiers-Etat. Leurs ressources.

CES Corps & Communautés, adonnés les uns à l'Agriculture, les autres au Commerce; ceux-ci aux arts libéraux, & ceux-là aux arts méchaniques, forment la plus grande partie de la Nation. Ne devroient-ils pas avoir en main la plus grande partie de l'autorité publique, & un nombre de forces extérieures & légitimes pour braver & tenir en équilibre le reste des forces de l'Etat ? ce sont là les projets de nos réformateurs. Laissons à l'écart tout ce que ces corps paroissent être dans l'imagination de tous ces Auteurs.

Toutes ces sociétes si nombreuses ne sont, dans la vérité, que ce qu'il a plu au Souverain de les faire ; lui seul a prescrit ces regles, & formé ces liens qui les réunissent. Lui seul leur a permis de tenir des assemblées réglées, d'exercer certains droits, de jouir de certains privileges. Lui seul a établi ces Bureaux où leurs intérêts communs sont déposés, a nommé les Lieutenans de Police, les Officiers des municipalités chargés d'y présider, de maintenir l'ordre, de terminer leurs différens, de conserver leurs privileges,

& de punir tous ceux qui y auroient porté quelques atteintes. Voilà quelle eſt la dépendance ſouveraine de tous ces citoyens abſolument indépendans.

Comme tous les autres ſujets, ces Corps ſe trouvent expoſés, de la part de leurs juges, de l'adminiſtration, à de grands abus de l'autorité. Ils eſſuient de temps-en-temps des frais conſidérables, des ſaiſies, amendes, confiſcations, des impoſitions exorbitantes, des reſtrictions, des ſuppreſſions, &c. &c.

Pour parer à tous ces inconvéniens, ils n'ont jamais eu d'autres expédiens que ceux que le droit naturel donne à tous les hommes, de quelque état, de quelque aſſemblée qu'ils ſoient ; ſavoir : le droit de ſe plaindre des injuſtices qu'on leur fait, de ſupplier d'examiner les dommages qu'ils ſouffrent , d'en fournir des preuves évidentes, de réclamer la juſtice de Sa Majeſté, & de la prier de faire ceſſer l'injuſte oppreſſion où ils ſe trouvent. Jamais ils n'ont eu recours à d'autres reſſources; s'ils avoient oſé faire paroître le moindre ſoulevement, ils auroient perdu ſur-le-champ les privileges dont ils jouiſſent, & la protection qui les ſoutient. Bien loin de donner dans ces écarts qu'on leur conſeille aujourd'hui, ils ſe ſont toujours fait un devoir d'entrer dans les vues de Sa Majeſté, de commencer par obéir, & de fatisfaire à toutes les charges qui leur étoient impofées.

Leur zele pour le bien public les a portés quelquefois jufqu'à offrir, pour les befoins preffans de l'Etat, des fommes qu'on n'exigeoit point ; c'eft-là le vrai moyen d'obtenir la juftice qu'on réclame, de concilier la bienveillance & la protection du Souverain, qui ne peut pas être infenfible à ce grand courage que montrent fes fujets, pour fouffrir avec patience tous ces petits dommages, tous ces malheurs prefque inévitables, fur - tout dans un gouvernement auffi vafte, & dans une adminiftration auffi chargée.

§. I I I.

Les Cours fouveraines de Juftice. Leurs reffources.

Tous ces Auteurs qui demandent une régénération entiere de la Monarchie, ne font pas d'accord fur la vraie conftitution des Parlemens & des Cours fouveraines. Les uns prétendent que *le Roi & la Nation détruiront ces Corps intermédiaires, dont les pouvoirs imaginaires n'exiftent que par un confentement tacite, & n'ont aucun droit réel ; qu'il eft de la plus claire évidence, que les Parlemens ne repréfentent point la Nation, & n'ont pas le droit de fanctionner la Loi* (1).

____

(1) A la Nation Françoife. *Pag.* 54 & 56.

Les autres foutiennent que ces Corps n'ont été établis que par la Nation, pour, en qualité de fes repréfentans, mettre des bornes à la puiffance royale, avec pouvoir de modifier, reftreindre, & même rejetter fes Loix.

Nous nous fommes expliqués fur l'origine de ces Cours, fur leur formation, l'étendue de leurs droits ; elles ne font refpectées, qu'autant qu'elles agiffent au nom du Roi, & qu'elles font foutenues par fes forces & maintenues par fon autorité. Les perfonnes de ces Magiftrats, leurs corps font expofés, comme tous les autres fujets, à tous ces malheurs, fuites des abus de l'autorité. Ils n'ont que les mêmes moyens de s'en garantir, excepté que les remontrances, les fupplications de ces Cours refpectables qui, revêtues de l'autorité fouveraine, préfident à une partie de l'ordre public, méritent bien plus d'attention & de confidération, que les doléances des petits Corps & Communautés.

Chargés de faire rendre la juftice à qui elle eft due, & de garantir les citoyens des charges exorbitantes qui pourroient nuire à leur fortune & troubler leurs repos, ils font encore obligés de garantir leurs villes, leurs provinces, tout leur reffort, des abus de l'autorité fouveraine. Toutes les Loix civiles leur font adreffées, pour les enregiftrer, les publier, les faire exécuter. Ils se trouvent dans la nécessité de les examiner pour en connoître la sagesse, la justice, l'utilité ; s'ils y apperçoivent quelques expressions équivoques, qui pourroient être mal interprétées, quelques dispositions contraires au droit naturel, quelques devoirs trop onéreux ; pour prévenir ces inconvéniens, ils se trouvent obligés d'éclairer leur Souverain & de solliciter la réforme de ses ordonnances. Mais ce droit de remontrance, ils le tirent de l'autorité souveraine, qui a bien voulu leur confier l'examen & l'enregistrement de ses Loix, & ils doivent respecter cette autorité dans le moment même où ils se trouvent nécessités de différer leur obéissance.

Quelqu'injuste que fut la Loi, ils se rendroient bien coupables, si, parlant à leur Roi, ils prenoient un ton impérieux, menaçant ; s'ils montroient des desseins d'une désobéissance décidée, & d'une résistance durable.

Comme les autres sujets, ils doivent se contenter de présenter leurs *doléances*, *des remontrances* sages, & d'adresser *d'humbles suplications*. La plupart de ces tribunaux souverains observent ordinairement ces regles, & ils savent profiter de ces momens malheureux, pour témoigner au Roi le desir ardent qu'ils ont de lui donner de nouvelles

preuves

preuves de leur foumiffion & de leur dépendance. Souvent nos Souverains ont fait droit
à leurs plaintes, déféré à leurs avis, & fe font
portés volontiers à modifier, à reftreindre,
quelquefois même à retirer ces Loix dont ils
avoient demandé la publication.

Si ces tribunaux refpectables étoient toujours
guidés par des lumieres fûres, & toujours
infallibles dans leurs jugemens, le Roi fe feroit
un devoir de céder. Mais ces Cours, comme
le Souverain lui-même, ne font pas toujours
à l'abri de l'erreur, exempts de tous préjugés,
détachés de tous intérêts.

Le refus d'enregiftrer, leurs remontrances
mêmes, ne font pas toujours dictées par les
Magiftrats les plus éclairés. La pluralité des
voix l'emporte toujours, & le plus grand
nombre des vocaux n'eft pas toujours compofé des têtes les plus fages, les plus mûres,
les plus judicieufes. Si nous voulions rapprocher les Loix du Souverain, des arrêts rendus
par ces juges, on trouveroit encore un plus
grand nombre de *doléances*, de *remontrances* à
faire, que les Cours fouveraines n'en ont préfenté au Roi.

Si les Déclarations du Roi ne préfentoient
que des doutes légers, les Magiftrats, comme
tous les autres fujets, feroient obligés d'obéir;
fi elles n'impofoient aux fujets que quelques

légers impôts, pour un temps assez court, ils devroient consentir à ces petits sacrifices. Les Parlemens ont souvent tenu cette conduite, & donné au Souverain des témoignages de leur sincere attachement; mais si le Souverain persévere à croire ses Loix dans toutes les regles de la justice; si les Magistrats dans leur conscience sont persuadés de leur injustice, le Souverain continuera à exiger l'obéissance de ses Magistrats, les Magistrats continueront de différer d'obéir au Souverain; le Roi portera des coups violens à quelques officiers qu'il juge rebelles, les Magistrats continueront de différer d'obéir à des ordres qu'ils regardent comme injustes; le Roi viendra tenir son lit de justice, donner des commandemens exprès, & faire enregistrer sa Loi avec le plus grand appareil; le Parlement, dans un silence profond, verra l'autorité souveraine se manifester avec le plus grand éclat; mais, Sa Majesté retirée, il protestera, il s'opposera à l'exécution de la Loi, & continuera de n'y avoir aucun égard. Une partie de la Nation se range du côté de la puissance royale, une autre se déclare pour la sagesse des Magistrats : le plus grand nombre reste indécis & indéterminé, & la justice cesse d'être rendue aux sujets. Dans ces momens malheureux, toutes les forces de l'autorité souveraine ne

fuffifent pas pour la faire refpecter. Voilà la
véritable fource de ces divifions qui ont troublé
fi fouvent ce royaume & qui l'expofent aujourd'hui aux plus grands malheurs. On n'a
point encore de moyens fûrs pour arrêter ces
grands défordres, fur-tout lorfque les Parlemens s'entre-entendent pour s'appuyer les uns
& les autres. Qu'il nous foit permis d'indiquer
un nouveau remede.

Nous n'irons point le chercher, ni dans la
Nation entiere qui ne peut pas s'affembler,
& qui, étant affemblée, ne pourroit pasfou-
mettre un Souverain dont elle eft dépendante,
ni dans l'affemblée de fes repréfentans qui
peuvent s'écarter des intentions de leurs com-
mettans, prendre un parti contraire à leurs
intentions, & être défavoués & contredits,
ni dans ces nombreufes affemblées des divers.
Ordres de l'Etat, des diverfes Provinces, où
les fentimens fe trouveront toujours varians,
oppofés les uns aux autres, fuivant leurs divers
intérêts, leurs vues différentes. De petites
affemblées, mais formées d'hommes fages,
integres & éclairés, font bien plus à portée
d'appercevoir la vérité & de nous la faire
fentir. Nous n'irons point le chercher dans
des tribunaux revêtus d'une autorité fupérieure à celle d'un Souverain, duquel feul
ils peuvent recevoir leurs pouvoirs : nous

demandons feulement un Confeil, un petit Comité, formé de fix Jurifconfultes d'une expérience confommée, diftingués par leur religion, leurs lumieres, leur zele pour le bien public, indépendans des Miniftres de l'Etat, des Cours fouveraines, chargés de recevoir les plaintes, les remontrances préfentées à Sa Majefté, & de donner leurs avis.

Dans les conteftations qui s'élevent entre le Souverain & fes Parlemens ; qu'ils s'affemblent, qu'ils conferent avec un même nombre de Magiftrats les plus éclairés, les plus expérimentés, les plus integres ; qu'ils s'éclairent les uns les autres ; qu'ils fuivent la marche de la raifon ; que, dans une Loi contredite, ils s'appliquent à féparer les diverfes erreurs qui la font rejetter, d'avec les vérités qui attachent une partie des opinans ; qu'ils nous montrent l'enfemble des erreurs que nous devons rejetter, & l'enfemble des vérités que nous devons fuivre ; tous les doutes s'évanouiront, & tous les efprits feront bientôt conciliés.

Si le très-grand nombre de ces perfonnes éclairées s'accorde, qu'il mette fous les yeux du Souverain le jugement porté de concert ; les forces de la raifon fuffiront pour le décider à modifier ou reftreindre fes Loix, à en demander l'exécution, ou à les retirer. C'eft la raifon feule qui peut dominer fur lui, régler fes volontés.

Si les fentimens reftent divifés ; qu'on oblige les deux parties à mettre par écrit les motifs qui les féparent ; qu'on rapproche ces écrits les uns des autres, & alors, ou la juftice, l'équité de la Loi fe préfenteront d'elles-mêmes, ou la prétendue injuftice fera déclarée feulement douteufe, &, dans le doute, tous les inférieurs fe croient obligés de préfumer en faveur de l'autorité fouveraine, & d'y déférer. Voilà un moyen que la raifon nous fournit pour mettre fin à ces conteftations odieufes, qui portent des atteintes & à la puiffance royale, & à la confiance des peuples, envers les dépofitaires de fon autorité.

De ces petits comités, établis pour connoître la fageffe & la juftice des plaintes & des remontrances, il réfulteroit deux autres avantages. D'un côté, les Miniftres qui, depuis long-temps, exercent dans leur département une partie du pouvoir abfolu & monarchique, fe trouveront forcés d'être plus prudens & plus circonfpects ; de l'autre, tous les Magiftrats dont les jugemens font fouverains, qui verroient leurs actes d'autorité foumis à un examen férieux, & pourroient être repris & blâmés par un confeil compofé de Jurifconfultes, dépourvus de toute autorité, mais pleins de lumieres; ils se précautionneroient contre un pareil jugement.

Secondement, la Nation entiere qui verra son Souverain prendre d'aussi sages précautions, pour s'assurer de l'équité & de la justice de cette partie des Loix qui ont trouvé des obstacles, auroit la plus grande confiance dans sa bienveillance & la plus grande soumission pour ces ordonnances dont il perséséreroit à demander l'exécution. Le plus grand ennemi de la royauté, même en la dépouillant de ses droits, ne pourroit pas proposer des moyens plus sûrs, des précautions plus sages, pour faire respecter toutes les Loix.

Ah! si l'on établissoit de semblables comités, auprès de toutes les Cours souveraines, de tous les principaux Baillages, pour écouter toutes les plaintes des sujets sur les abus de l'autorité, & pour faire passer sous les yeux du Roi, ou de son premier comité, tous ceux dont l'injustice ne manqueroit pas de toucher son cœur; on mettroit un même frein à tous ceux qui partagent l'administration de la justice, de la police & des finances, & ils se trouveroient forcés, malgré eux, à garder une grande modération & à tenir une conduite plus irréprochable.

Pour affurer le fuccès d'un établiffement auffi avantageux à la Nation, deux préalables feroient abfolument néceffaires.

Il faudroit, premierement, que notre digne Souverain voulût bien fournir, à la Nation, des écoles publiques de Droit, bien différentes de la plupart de celles qui exiftent, où les maîtres les plus vertueux, les plus habiles, les plus zélés pour le bien public, puffent raffembler tous les jeunes gens diftingués par leurs talens, par leur amour pour l'étude, les former à la vertu, les perfectionner dans les connoiffances des Loix & des principes de notre Monarchie, pour être placés enfuite, d'après la connoiffance de leur grand fuccès, dans les tribunaux inférieurs où ils puffent acquérir, par leurs travaux, la connoiffance des caufes ordinaires, des arrêts & des jugemens rendus pour l'exécution de toutes les Loix.

Il faudroit, fecondement, fupprimer la vénalité de toutes les charges, ne préférer la Nobleffe pour les remplir, que lorfqu'elle aura les mêmes talens, n'admettre, même dans les dernieres chambres des Cours fouveraines, que des gens d'un âge mûr, inftruits par une longue expérience, connus par leur fcience, leur religion, leur intégrité, leurs talens. Une autorité fouveraine devroit-elle être confiée à des sujets d'un moindre mérite ? cet ordre établi pour remplir les différens offices de magiftrature fuffiroit prefque pour garantir toute la Nation de ces abus de l'autorité, dont les Miniftres & les Magiftrats peuvent fe rendre coupables.

§. I V.

L'Affemblée des trois Ordres de l'Etat ; léurs reffources.

DÈS le commencement de notre Monarchie, le Clergé, la Nobleffe, alors compofés des Francs, des Romains, des Gaulois, reçurent du Gouvernement les plus grandes marques d'eftime & de confiance. Nos Rois les affembloient fouvent pour demander leurs avis, leurs confeils, pour leur faire rédiger, approuver & adopter les Loix qu'ils vouloient porter. Quelques fimples Guerriers parurent dans ces premieres Affembées ; mais le petit Peuple, alors dégradé, les Villes, les Municipalités ne s'y préfentoient point, & n'avoient alors aucune reffource pour fe mettre à l'abri des abus qu'ils fouffroient de l'autorité.

Nos Souverains, peu-à-peu, les rapprocherent de leurs droits ; ils leur permirent d'acquérir des terres, ils les mirent à portée de cultiver les arts, de faire fleurir le com-

merce. Philippe-le-Bel les admit dans l'Affemblée des deux premiers Ordres ; & le
Tiers-État y fit entendre fes plaintes & fes
remontrances.

Les États n'étoient Généraux que parce
que tous les Ordres fe trouvoient réunis,
mais ils ne repréfentoient pas tous les individus de la Nation dont ils n'étoient point
les Députés. Le Roi convoquoit les Perfon-
nages dont il croyoit pouvoir tirer plus de
fecours ; & les droits qu'ils exerçoient alors
partoient uniquement de la confiance qu'il
avoit dans cette Claffe de fes Sujets, & ne
fuppofoient dans leur réunion, ni une indépendance abfolue, ni une autorité fouveraine.

S'ils ont influé dans l'élection de quelques
Souverains, & le choix de quelques Régences,
ç'a toujours été en refpectant, ou la volonté
du Souverain, ou les droits de la naiffance,
ou les forces, le crédit de ceux qui appro-
choient du trône.

S'ils ont contribué à la fanction, à la
formation de quelques Loix, ç'a été par une
fuite de la bonté ou de la foibleffe des Rois
qui préfidoient à ces Affemblées. S'il eft
échappé à quelqu'un des Souverains, de leurs
Miniftres, d'infinuer que ces Affemblées
avoient quelque part à la Légiflation, c'étoit

pour obtenir d'elles les impôts dont ils avoient befoin. Les propos qu'on met dans leur bouche, à l'avantage de ces fortes d'États, n'étoient que de purs complimens, qu'on avoit foin de rétracter auffi-tôt.

On fait dire au Duc de Sully, que *la Nation affemblée ne reconnoît point de Supérieur qui ait droit de la réformer, pas même le Roi.* Ailleurs il déclare qu'*au malheur d'avoir un Roi injufte, violent, ambitieux, les Peuples n'ont qu'un feul remede à oppofer, celui de l'appaifer par leur foumiffion, & de fléchir Dieu par leurs prieres.*

On fait dire à Henri IV, parlant à fon Affemblée des Notables : *Mon amour pour mon Peuple me rend tout poffible, je viens me mettre fous votre tutele.* Il dit ailleurs, *en me mettant fous leur* tutele, *j'avois mon épée à mon côté.* Ailleurs, on avoue que *l'autorité du Roi a tout détruit, en méprifant nos droits nationaux.*

« Jamais, *dit le Comte d'Ant****, les Rois
» & leurs Miniftres n'ont convoqué ces Etats,
» qu'en ces momens d'orage où l'excès des mal-
» heurs rendoient leurs efforts impuiffans. C'eft
» quand tout eft perdu, qu'on appelle les Etats-
» Généraux ; & fouvent ils n'ont d'autre choix
» à faire que celui du moindre des malheurs.

» On ne connoit guere ce qui s'eft paffé
» dans toutes ces Affemblées. Ce n'eft, dit le
» plus ardent de nos Régénérateurs, que fous

» les Valois, que l'on a confervé les verbaux
» des Affemblées Nationales ; encore ces ver‑
» baux font-ils peu fatisfaifans (1) ».

Un nouvel Auteur nous donne une idée
de ce qui s'eft paffé dans les Etats fous
François II , & Charles IX. « Dans les trois
» difcours qui y furent tenus , dit-il, on y
» retrouve les pafiions qui animoient les trois
» Ordres : on y voit le vice de la conftitution :
» on y découvre pourquoi nos Etats-Généraux
» ne produifoient jamais rien de grand , ni
» de véritablement utile. Chaque Ordre s'oc-
» cupe à injurier les deux autres , à fe glo-
» rifier foi-même , à les abaiffer plutôt qu'à
» s'élever. L'efprit de corps étouffe l'efprit
» public. Tous trois plaident leur caufe devant
» le Roi, qui ne les écoute que pour affermir
» fon autorité fur leurs divifions. Plus ils fe
» dégradent par ces ridicules querelles , filles
» honteufes de la vanité , plus le fceptre
» acquiert de poids, & plus le trône s'éleve.
» Le premier fruit qu'ils en retirerent, fut le
» mépris public. La Nation , felon fon génie
» léger & moqueur , au lieu de partager leurs
» petites paflions, fe moqua d'eux tous (2)».

---

(1) Mémoire fur les Etats - Généraux. *Pag.* 97
& 203.

(2) *Effai fur l'hiftoire des Comices de Rome , des Etats-*
Généraux de la France , &c.

Notre prochaine aſſemblée régénérante commence ainſi : Dieu veuille qu'elle ne finiſſe pas de même !

On n'apperçoit dans aucune aſſemblée de ces trois ordres, le moindre deſſein de s'emparer de la puiſſance royale & de juger le Souverain. Dans la vérité, ils n'ont pas même le droit de s'aſſembler, de mettre en délibération tous les objets qu'ils voudront. Ils n'ont que celui de ſe plaindre des injuſtices qu'ils ſouffrent, de former des demandes, d'adreſſer leurs prieres, de propoſer des réformes, d'attendre de la juſtice du Souverain des réponſes favorables. Toutes leurs démarches méritent d'autant plus de conſidération, qu'elles partent d'un corps reſpectable qui repréſente tous les ordres de la Nation ; mais ils n'ont jamais prétendu s'élever au-deſſus du Roi. Ils plaidoient leur cauſe devant Sa Majeſté ; ils ne croyoient donc pas en être les juges. Ils ſe proſternoient à ſes pieds ; ils ne ſe regardoient donc pas comme leur ſupérieur. Leurs cahiers préſentés une fois, ils ſe ſéparoient & abandonnoient à ſa ſageſſe le droit de prononcer & de remédier aux maux de la ſociété.

Ces trois ordres depuis près de deux cents ans n'ont point eu de centre de réunion. Le Clergé ſeul, dans des intervalles réglés, a tenu ſes aſſemblées générales. Dans ce long efpace de temps, il a vu les plus fanglans outrages faits à l'églife, fes congrégations les plus favantes, fes établiffemens les plus pieux, les plus utiles détruits, fes Loix les plus faintes profcrites, fes Evêques les plus religieux conduits d'exil en exil, leurs Miniftres, pour avoir obéi à Dieu, jettés dans les prifons, privés de leurs bénéfices & de leurs revenus, bannis à perpétuité du royaume; il a vu la Religion s'éteindre, l'éducation de la jeuneffe négligée, les mœurs fe corrompre, l'impiété tolérée, le culte public abandonné, les ouvrages les plus pernicieux inonder le public, tous les efprits fe foulever également & contre Dieu & contre les Rois, méprifer impuné-ment & la puiffance fpirituelle & la puiffance civile, & un grand nombre de fujets pro-feffer hautement l'irréligion. Nous avons été témoins de tous ces ravages; c'eft fous le dernier de nos Monarques qu'ils ont commencé à éclater.

« Sous le regne abfolu de Louis XV, » *dit un de ces Auteurs déclarés également contre* » *la Monarchie & contre la Religion*, naiffoient » un nouveau genre d'efprit, de nouvelles » idées, une indépendance de principes & » d'opinions, qui devoient nous préparer à la » liberté & nous la rendre defirable.

» Quelques écrivains éclairés par leur génie,

» prévoyant *le terme où devoit se briser le colosse*
» *de la puissance absolue*, relevoient les vrais
» principes ; ils élevoient l'ame de quelques
» citoyens dans l'âge de l'adolescence, où
» l'esprit n'aspire qu'après la liberté. . . . . Le
» regne des bons principes est arrivé. Le siecle
» littéraire de Louis XIV ne fut épris que
» des attraits du bel esprit ; les lettres ne furent
» que louer le despote ; mais, sous Louis XV,
» elles s'affranchirent du joug ; & le véritable
» esprit de la liberté & de la philosophie,
» ornant les productions des plus célebres
» écrivains , ils méditoient en silence *la*
» *chûte du despotisme*, & la régénération de la
» Nation (I) » .

Un pareil récit n'est-il pas la preuve évidente de l'audace, & de celui qui ose s'expliquer
ainsi , & de tous les Auteurs dont il indique
les ouvrages ?

Le Clergé avoit prévu & annoncé tous
ces malheurs ; il savoit que la Religion Catholique ne paroît odieuse qu'aux ennemis de
la puissance royale ; qu'on ne porte des coups
à celle-là, que pour secouer le joug de celle-
ci ; & il n'est que trop constant que l'une
& l'autre court les mêmes dangers.

Il auroit pu repousser toutes ces atteintes par

____

(1) *Mémoire sur les Etats-Généraux.* **Pag.** 215.

des actes de son autorité spirituelle ; ils auroient été respectés de tous les fideles ; mais ils auroient irrité nos régénérateurs, tous nos impies. Le Clergé assemblé, a mis toute sa confiance dans la protection que le Roi Très-Chrétien doit à l'Eglise ; il n'a cessé de réclamer sa justice, de solliciter sa religion. Dans toutes ses assemblées, il a réitéré *ses doléances*, *ses remontrances*, *ses supplications*, & il n'a encore obtenu qu'une partie des droits sacrés qui ont été enlevés à l'église de France.

Ce Corps si respectable venoit de fournir à ce royaume un sage Ministre, qui, dans si peu de temps, sans rien changer dans la forme du Gouvernement, rendit l'Etat florissant, y rétablit l'abondance & la tranquillité, & sut y ajouter une de ses belles provinces ; privé de sa protection, le Clergé s'est toujours contenté d'insister sur les droits que la nature donne à tous les Citoyens & à tous les Corps. Il a toujours montré un zele aussi ardent & pour les intérêts de Dieu & pour ceux du Monarque. Dans une situation aussi critique, il s'est fait un devoir de donner, à toute la Nation, l'exemple de cette humble déférence qui est due au Souverain, & de ce courage héroïque, qui doit nous faire supporter en patience les plus grands abus.

Voilà les seules ressources ouvertes pour les

trois Ordres. Que l'affemblée générale de la Nation fuive ces grands exemples, elle ne fera jamais tentée de s'emparer de l'autorité fouveraine, & de renverfer la conftitution monarchique, fous prétexte d'échapper aux traits de l'injuftice. Ah ! fi la vraie Religion avoit continué d'être foutenue & protégée, comme elle l'avoit été fous le regne de Louis XIV & fous le miniftere du Cardinal de Fleury, la Monarchie ne fe trouveroit pas, fous Louis XVI, expofée à d'auffi grands périls, qui jettent de fi juftes alarmes dans le cœur de nos refpectables Princes, & qui font trembler la plus grande partie de toute la Nation.

§. V.

Affemblées Provinciales ; leurs reffources.

Nous ne parlerons ici que des reffources pour ces provinces qui n'ont aucun privilége, & qui font foumifes fans condition, fans aucune reftriction.

Le nouveau plan d'adminiftration, que notre Monarque a commencé d'exécuter, en affemblant quelques-unes de ces provinces, eft une preuve éclatante de l'eftime & de la bienveillance qu'il a pour fes fujets, de la confiance dont il veut bien honorer leurs
représentans,

repréſentans, & de la droiture de ſes bonnes intentions.

Il offre de laiſſer à ces aſſemblées annuelles une partie de ſon adminiſtration, afin qu'elles aient la facilité de ménager leurs intérêts & de les concilier avec ceux de l'Etat. Il leur donne le pouvoir de répartir & de percevoir toutes leurs impoſitions, afin d'éviter les frais de recouvrement, & de remédier aux injuſtices qui ſe commettent aſſez ſouvent dans la diſtribution de toutes ces charges. Il veut avoir avec tous ces petits Etats une correſpondance non interrompue, afin de connoître tous les malheurs qui leur arrivent, les vrais degrés de leurs beſoins, la vérité des faits qui lui feront annoncés, & la juſtice des plaintes qui lui feront portées, &c. ; des vues auſſi bonnes, auſſi ſages, doivent ſuffire pour attacher tous les cœurs. Quand même leur exécution trouveroit de grands obſtacles, ce ſeul projet mérite, de la part de la Nation, la plus vive reconnoiſſance. La ſuppreſſion d'un ſi grand nombre de charges & d'offices, qu'elles occaſionneroient, épargneroit au gouvernement des dépenſes conſidérables ; & le pouvoir pour la province de préſider à la répartition ou la perception des impôts, à la conſtruction, à l'entretien des chemins, des ponts & chauſſées, d'appaiſer ſoi-même les plaintes de ſes compatriotes & de les protéger auprès du Souverain, font pour les fujets des avantages inappréciables. Toutes ces commiffions reçues avec foumiffion, exécutées avec zele, & dans des intentions auffi droites que celles du Monarque, peuvent contribuer infiniment au bonheur de l'Etat.

Mais la droiture des intentions, les avantages qui en peuvent réfulter, ne fuffifent pas toujours pour juftifier la fageffe d'une entreprife. Quelquefois on apperçoit le bien d'un côté, & l'on ne voit pas le mal qui pourra réfulter de l'autre. Vouloir changer entierement l'ancienne conftitution d'un Etat, c'eft ouvrir la porte à la plus violente Anarchie : vouloir feulement la réformer, dans un moment où toutes les têtes font échauffées, tous les cœurs aigris, c'eft s'expofer à de funeftes révolutions : partager fon adminiftration avec un nombre de corps affez confidérables, qui, quoique foumis & obéiffans dans ce moment, peuvent dans la fuite cabaler, fe liguer enfemble pour réfifter à l'autorité royale, c'eft l'expofer à des obftacles qu'elle ne pourroit peut-être pas vaincre.

« Il faut, *dit M. d'Argenfon lui-même*, il » faut être autant en garde contre la réforme, » que contre les abus ; il y a bien des abus » qui ne peuvent fe rectifier fans renverfer

» l'uſage établi de tous les temps , & changer
» la conſtitution de l'Etat. Mais on conclut
» ſouvent mal-à-propos de l'abus contre l'éta-
» bliſſement même. Comment ne ſent-on pas
» que ce qui ſubſiſte depuis bien des ſiecles ,
» eſt toujours foncierement bon & propre
» au pays & à la Nation qui l'ont adopté ?
» La plupart des établiſſemens ont été bien
» dans leurs principes , & ſe ſont enſuite gâtés
» & déformés. Il ne faut que les ramener à
» leur inſtitution primitive (1) ».

Nous laiſſons à la ſageſſe de Sa Majeſté ,
à ſe décider ſur les avantages qu'elle pourra
tirer de ces nouvelles aſſemblées ; mais ſi elle
juge à propos de les former, le premier acte
qu'elle doit exiger de toutes ces provinces,
c'eſt qu'elles ſouſcrivent à ces grands principes établis dans le projet de cette déclaration , qui les oblige de reconnoître que c'eſt
uniquement dans ſes propres mains , que
peuvent réſider & l'autorité ſouveraine , &
tous les droits de la légiſlation.

Cet habile Miniſtre qui a formé ce projet ,
paroît également occupé & de la conſervation des droits du Souverain , & du bonheur
des peuples qui en dépend. Les principes

---

(1) *Conſidérations ſur le Gouvernement de France.* p. 35.

qu'il établit, sont absolument contraires à
ceux de nos nouveaux régénérateurs, & parfaitement concordans avec les nôtres. Toutes
les précautions qu'il insinue de prendre, seroient
nécessaires sur-tout pour l'assemblée des Etats-
Généraux.

M. d'Argenson part de ces trois principes:
Une Foi, un Roi, une Loi.

« Il ne faut, dit-il, qu'*une Foi*, une Religion
» dans un Etat. Le plus grand malheur qui
» pourroit lui arriver, seroit si le Roi ofoit
» annoncer que toutes façons de penser sur
» cette importante matiere lui sont indiffé-
» rentes.

» Il ne faut qu'*un Roi* dans un Etat, parce
» que dans tout Etat il faut une autorité, &
» qu'elle ne peut être trop simple dans son
» principe. On doit prendre les mêmes mesures
» pour le maintien de l'autorité royale, que
» pour celui de la Religion.

» La Loi du Roi & de la Nation est toute
» entiere renfermée dans ces cinq mots latins:
» *Salus populi, suprema Lex, esto.* Le bien public
» doit être la suprême Loi; elle doit être suivie
» dans une Monarchie bien réglée, à l'aide
» d'une démocratie bien entendue qui n'ôte
» rien à l'autorité ».

Ces beaux principes sont les nôtres; mais ne

font-ils pas une improbation manifefte de tous ceux de ces écrivains qui veulent renverfer notre Monarchie ?

Cet Auteur, dans fon projet de déclaration, dont Sa Majefté a déja adopté une partie des articles, veut qu'*il n'y ait qu'un Roi.* Nos téméraires Auteurs veulent bien lui en conferver le nom ; mais ils élevent toute la Nation au-deffus de lui, & ils veulent l'obliger d'adopter, d'exécuter tous les décrets qu'il aura plu à fes fujets de porter.

. Ce fameux Légifte, dans le préambule de fa déclaration, fait dire au Roi : *L'autorité que nous tenons de Dieu feul, & qui s'étend fur tous les peuples foumis à notre domination* (1). Et nos philofophes veulent qu'il ait reçu cette autorité des derniers de fes fujets, & qu'il foit dépendant de tous les peuples foumis à fa domination.

M. d'Argenfon, ce fidele fujet, dit, article dix-huit, au nom du Roi : *Nous fondant fur ce principe incontefable, que l'autorité fur nos provinces refe toute entiere entre nos mains, nous ne confions aux Etats que la feule adminiftration, c'ef-à-dire, l'exécution de nos ordres, la répartition jufte & exacte des charges, &c.* Et on ofe infinuer au Roi lui-même *que le facrifice de quelques-unes*

---

(1) *Projet de déclaration.* Ibid. pag. 196.

de ses prérogatives , pour atteindre à la plus grande félicité des peuples , est certainement le plus bel usage de sa puissance, & que ce sentiment est le seul acte qu'il ne soit pas susceptible de partage !

Dans l'article neuvieme , M. le Marquis ajoute : *En nous en rapportant à nos sujets sur la plupart des détails de la police, nous n'entendons point leur abandonner le soin de rendre la justice qui nous appartient éminemment, comme étant le seul Législateur & le premier Magistrat de notre royaume ; nous voulons qu'elle continue d'être exercée en notre nom & par nos Officiers.* Mais les protecteurs de la Nation demandent expressément qu'elle puisse être le juge souverain du Roi même, le condamner, le déposer, flétrir tous les Ministres qui auront porté quelques atteintes à leurs droits, & ils lui attribuent à elle seule le droit de former les tribunaux judiciaires.

Dans un autre article, M. d'Argenson met ces paroles dans la bouche du Roi : « Notre » intérêt & celui de nos peuples font si bien » identifiés, que nous ne devons rien demander » que nos peuples puissent légitimement nous » refuser ; & que réciproquement ils ne peuvent » se refuser à rien de ce que nous sommes » forcés d'exiger ». Et ces ardens solliciteurs de l'assemblée nationale prétendent que le Roi n'a pas le droit de percevoir le moindre impôt, fans avoir obtenu préalablement le confentement de la Nation? Ils font dire à Sa Majefté *qu'elle ne veut mettre aucun impôt fans le confentement des Etats-Généraux; qu'elle veut même n'en proroger aucun fans cette condition.*

Enfin ce Miniftre religieux, dans le dernier article, déclare que le Roi *ne veut en France qu'une Religion, qu'il menace de févir contre tous ceux qui oferont attaquer les grands principes de la Religion Chrétienne, & tenter ainfi d'altérer les fources les plus pures de la bonne morale, dont le maintien eft néceffaire à la tranquillité & au bonheur public.* Et tous nos régénérateurs Déiftes affichent la plus grande indifférence pour toutes les Religions, & demandent la plus grande tolérance pour tous ceux qui n'en ont aucune.

On doit reconnoître ici la fuite & l'enfemble de nos principes. Nous ne les avons pas puifés dans cet ouvrage qui nous étoit inconnu. La raifon, les fentimens feuls nous les avoient infpirés. Nous fommes bien fatisfaits de les retrouver dans un cœur auffi droit & un efprit auffi éclairé. Il en réfulte évidemment que ce n'eft pas dans leur autorité, dans leurs forces, que nos provinces affemblées peuvent trouver des moyens de parer aux abus de l'autorité; qu'elles n'ont point d'autres reffources que celles que nous avons reconnues dans tous les sujets assemblés ou dispersés. Quelque nombreuses & solemnelles que soient ces sortes d'assemblées, elles n'auront jamais que le droit de faire entendre leurs *doléances*, de présenter des *remontrances*, d'adresser d'*humbles supplications*. C'est pour faciliter cette maniere de recourir à Sa Majesté, qu'elle doit avoir toujours auprès d'elle des députés de chaque province. Ces remontrances, ces plaintes méritent d'autant plus d'égards, qu'étant présentées d'une voix unanime, par des provinces entieres & vraiment soumises, elles ne pourront pas paroître injustes & sans aucun fondement. Sa Majesté ne pourra pas se dispenser de les examiner, & d'y faire droit. Aussi M. d'Argenson lui fait dire dans sa déclaration : « Notre intention est de faire » savoir dans quel cas il seroit permis aux » assemblées provinciales de nous faire des » représentations. ... Nous confions aux Etats » le droit de nous éclairer sur les besoins de » chaque province, & sur les mesures à » prendre pour en augmenter la population » & le commerce, & la liberté de nous re- » présenter les abus que pourroient faire de » nos ordres, ceux qui les reçoivent immé- » diatement de nous. ... Nous n'empéchons » pas qu'après avoir reçu nos ordres avec » soumission, les Etats ne nous fassent des

» repréfentations avec foumiffion , s'ils les
» croient juftes & bien fondées ; nous les
» recevrons toujours avec bonté , & nous nous
» ferons un devoir d'y répondre article par
» article (1) » . Voilà tous les poûvoirs accordés
par le droit naturel, par le droit civil, même
aux affemblées des Etats provinciaux.

§. V I.

Affemblées des Etats - Généraux ; leurs reffources.

AVANT de nous expliquer fur les véritables
reffources de la Nation entiere, pour éviter
les abus de l'autorité royale , nous allons
donner une idée de ces Etats - Généraux, dont
on follicite avec tant d'ardeur l'affemblée. C'eft
dans les repréfentans de l'univerfalité des
fujets, qu'on croit appercevoir l'autorité, les
forces néceffaires pour échapper à tous les
coups que l'autorité du Souverain peut nous
porter.

« Lorfque ces repréfentans font féparés,
» *dit un de nos régénérateurs*, cette Nation eft
» enfevelie dans le tombeau. C'en eft fait de
» la France. La Nation françoife n'exifte plus ,
» il ne refte d'elle que fon cadavre » . *Pag.* 6.

____

(1) Ibid. pag. 165 & fuiv.

Voilà ces grandes images que préfentent nos enthoufiaftes pour nous faire defirer avec le plus grand zele ces affemblées majeftueufes. C'eft pour détromper la Nation entiere, & la mettre en état de juger de l'incohérence de toutes ces affertions, que nous avons montré ces folides fondemens fur lefquels eft appuyée l'autorité fouveraine, ces droits éminens qui en font inféparables, & que nous allons indiquer ces reffources que la providence nous a ménagées pour échapper aux traits de l'injuftice, fous le gouvernement d'une autorité Monarchique. En rapprochant de la vérité des faits, ces grands principes que nous avons établis, tous ces paradoxes, tous ces traits fabuleux que nos régénérateurs ne ceffent de répéter, vont difparoître.

Premiere obfervation. Jufqu'à préfent, ces Etats - Généraux dont on fait tant d'éloges, n'ont jamais exifté dans la forme & avec l'autorité qu'on leur donne.

Nos philofophes nationaux avouent eux-mêmes que jamais la Nation entiere n'a été convoquée d'une maniere légale; qu'elle n'a point encore joui de tous fes droits, dans la perfonne des Electeurs, des Députés, & que la conftitution de toutes ces affemblées n'a point encore été uniforme & fuivie.

M. d'Argenfon , après le plus férieux

examen, s'explique encore mieux; en nous découvrant ſes ſentimens, il fera connoître les nôtres.

« J'avoue, *dit-il*, que je ne ſuis point ſéduit » par cette haute opinion que quelques per- » ſonnes ont conçue de nos Etats-Généraux. » Plus je lis notre hiſtoire, & plus je reconnois » qu'ils ne tiennent point du tout à la conſ- » titution de notre Monarchie.

» Les premieres aſſemblées nationales, les » anciens Parlemens, les cours Plénieres, n'y » reſſembloient point du tout. Ce n'étoit que » des conférences du Roi avec ſes principaux » Officiers, Conſeillers ou Feudataires. Il n'étoit » point encore queſtion du Tiers - Etat. Le » peuple n'y avoit aucune part, & comme » je l'ai dit, il n'a été admis que fort tard » dans les aſſemblées nationales; & pourquoi » a-t-on bien voulu l'y ſouffrir ? pour exiger » de lui des ſubſides, ſans jamais lui laiſſer le » ſoin de les régler, ni d'en faire aucun arran- » gement qui l'aidât à ſon ſoulagement, ni » au bien public. Ainſi, que faiſoit-il dans ces » aſſemblées ? des doléances qui n'aboutiſſoient » jamais à rien, ſoit que le peuple fût trahi » par ſes repréſentans, ou que ceux-ci ne ſe » trouvaſſent pas aſſez forts, pour gagner » quelque choſe ſur les deux autres corps de » l'Etat. Toutes les charges tomboient ſur le

(172)

» malheureux peuple ; le crédit, les honneurs,
» les graces, étoient pour les autres. Enfin le
» Roi & la Nation se sont, pour ainsi dire,
» donné le mot, il y a près de deux cens ans,
» pour cesser d'assembler les Etats-Généraux,
» parce que l'un & l'autre ont également
» reconnu qu'ils ne produisoient nul bien. Le
» Roi n'en tiroit aucun parti pour contenir
» sa Noblesse, ni le peuple pour son soula-
» gement (1) ».

Nous ajouterons que si, dans la vacance du
trône, & pendant la minorité de quelques
Rois, ou sous des gouvernemens foibles &
embarrassés, les Etats ont quelquefois pris un
ton d'indépendance & d'autorité, c'étoit bien
moins en vertu de la procuration de leurs
électeurs, que par l'effet de quelques momens de chaleur des Députés, qui, dans
d'autres momens, tenoient un langage bien
différent : nous en donnerons les preuves.

Seconde observation. Tous ces citoyens qui
sollicitent avec tant de chaleur l'assemblée
des Etats - Généraux, ne craignent pas de
manifester les intentions les plus perverses.

Ils disent hautement qu'ils veulent changer
la constitution de ce royaume, établir en

____

(1) Confidérations sur le Gouvernement de France.
Pag. 293.

France la forme du gouvernement anglois, partager la législation entre la Nation & le Monarque, & ne laisser à celui-ci, que la troisieme partie des droits dont il a toujours joui. Enfin, ils veulent nous faire remonter à ces premiers temps, qui n'ont jamais existé, « où » le vœu général de la Nation dictoit la Loi, où » l'autorité législative résidoit toute entiere dans » les assemblées du peuple, & les suffrages » seuls formoient les Loix ; où les Rois, soumis » aux Loix nationales, furent punis pour les » avoir enfreintes ; où, à des époques fixes, » le retour de ces assemblés présentoit à la » Nation le suprême législateur, & au Roi » son souverain juge (I) ».

Ils se flattent que cette assemblée prochaine portera des Loix inviolables, pour tolérer l'impiété, pour éteindre dans tous les cœurs la Religion, pour enlever à Dieu son culte, à l'Eglise son autorité, à ses Pasteurs leurs pouvoirs, à ses Ministres leurs rangs, leurs propriétés, l'administration de tous leurs biens ; ils les regardent comme de simples desservans sans titres, dont la place dépend de la Nation, & dont tous les revenus seront fixés & payés par elle. Ils demandent sur-tout que cette assemblée rompe pour toujours les chaînes,

____

(I) Mémoire sur les Etats-Généraux. *Pag.* 10 & 11.

fous lefquelles la Nation gémit depuis fi long-
temps ; qu'on la laiffe jouir de l'indépendance
la plus abfolue , & de la liberté la plus entiere , afin qu'ils puiffent violer toutes les regles
des mœurs , s'abandonner à tous leurs penchans, fans être expofés à aucuns reproches,
pourvu qu'ils fe faffent un devoir de refpecter
la puiffance nationale. C'eft de cet efprit de
liberté , que naît *l'énergie de leurs fentimens , qui
les rend fi précieux à leurs yeux.*

Ce qui redouble les alarmes de tous les
citoyens religieux , c'eft que depuis quarante
ans , le gouvernement n'a pas ceffé de porter
à l'Eglife Catholique des coups qui l'appro-
choient du but où ces impies veulent la conduire ; c'eft qu'on permet de répandre dans
le public des principes auffi abfurdes ; & ce
qui révolte encore plus , c'eft qu'on ofe affirmer publiquement que notre Monarque
entre dans ces vues perverfes , & s'eft obligé
de concourir avec eux à l'exécution de tous
ces deffeins.

Ce qui nous fait craindre qu'on ne commette
mille atteintes contre l'autorité royale, & qu'on
ne la voie partagée entre trois Légiflateurs,
c'eft que , dans tous les difcours au Roi, on
n'infifte point fur les droits de fa puiffance,
& qu'on ne l'occupe que *des principes de l'équité
générale , du bonheur & de la profpérité de fes
fujets.*

C'eſt qu'on oſe lui aſſurer que *l'on s'empreſſe à faire ſervir les circonſtances actuelles à la conſ-truction d'un édifice inébranlable de propriétés & de bonheur. . . . .*

C'eſt qu'on lui inſinue que *le ſacrifice de quelques-unes de ſes prérogatives, pour atteindre à la plus grande félicité du peuple, eſt certaine-ment le plus bel uſage de ſa puiſſance. . . . . & que ce ſentiment eſt le ſeul acte qui ne ſoit pas ſuſceptible de partage, puiſqu'il ne peut pas émaner de ſon cœur ; que cette ſatisfaction attachée à un pouvoir ſans limites, eſt toute d'imagination. . . . . que le deſir le plus ardent de Sa Majeſté doit être de voir la proſpérité de l'Etat, due au zele em-preſſé de tous les Ordres du royaume ; que le vœu du Tiers-Etat, quand il eſt unanime & conforme aux principes d'équité, s'appelle toujours le vœu national ; que le temps le conſacrera, & que le Souverain ne peut que régler dans ſa juſtice ce que les circonſtances & les opinions doivent amener d'elles-mêmes.* Enfin, en parlant même au Roi, on lui dit, comme nous l'avons déja obſervé, *non-ſeulement vous voulez ratifier la promeſſe que vous avez faite de ne mettre aucun impôt, ſans le conſentement des Etats - Généraux, mais vous voulez encore n'en proroger aucun ſans cette con-dition.* En mettant le Roi dans l'impuiſſance de ſe procurer les finances néceſſaires, on le met hors d'état de conſerver ſes forces ; &

en lui ôtant ses forces, on lui enleve toute son autorité.

Ce qui fait trembler toutes les ames honnêtes, c'est que, dans tous les écrits présentés au Roi, on n'a pas dit un mot en faveur de cette Religion qui est le plus solide fondement de l'autorité Royale ; c'est qu'on se fait un devoir de solliciter la liberté indéfinie de la presse, liberté également funeste aux bonnes mœurs, à la Religion, à la puissance souveraine, qui se voyent tous les jours insultées, décriées, & à la Nation entiere qui se voit séduite, trompée, divisée, troublée par les plus fausses insinuations & les raisonnemens les plus absurdes : c'est qu'on n'a pas même pensé à exclure de l'assemblée générale d'un royaume très-Chrétien, les *non-Catholiques*, c'est-à-dire, les Athées, les Déistes, les Hérétiques, les ennemis déclarés de toute autorité, qui étant incapables de posséder aucune charge de judicature, se trouveront au nombre des Législateurs de la Nation. Ce sont ces *circonstances actuelles*, qui vont régler la nouvelle constitution de cet Etat, & satisfaire à toutes les mauvaises intentions de ceux qui en sollicitent l'assemblée.

Troisieme observation. Les préambules qu'exigent tous ces nouveaux régénérateurs pour convoquer

voquer les Etats-Généraux, font impraticables; ils ne ceffent de fe contredire les uns les autres.

Ils demandent tous que la convocation foit *légale*, *réguliere*, *conftitutionnelle*, *nationale*; mais on ne connoît aucune Loi conftante, aucune regle fixe, aucune conftitution dans ce royaume pour cette convocation. Dans toutes les affemblées tenues jufqu'à préfent, il y a toujours eu de grandes différences; leur convocation n'a donc jamais été réguliere. Les Loix que l'on demande ne pouvoient être portées que par le Roi ou par la Nation affemblée. Mais plufieurs d'entr'eux foutiennent que le Roi n'a aucun pouvoir pour régler la convocation & le choix des Députés. *Jamais*, dit le Comte d'Ant***, *on n'a prétendu qu'il fût poffible que l'autorité du gouvernement dirigeât en aucune maniere le choix des peuples*. Ce feroit donc à la Nation à porter ces Loix; mais elle ne peut pas porter des Loix avant d'être affemblée; & elle ne peut pas s'affembler avant d'être régulierement convoquée. On exige que la nomination des Electeurs, des Députés foit libre & l'effet d'un choix véritable; mais tous les afpirans, tous les opinans, peuvent-ils connoître les talens, les intentions de ces perfonnes qui peuvent être élues & députées? & s'ils ne les connoiffent pas, peuvent-ils les choifir?

M

On veut que tous les Députés foient les vrais repréfentans de tous ceux qui leur ont donné leurs voix ; pour les repréfenter réellement, il faudroit qu'ils ne s'écartaffent point de leurs intentions ; mais peuvent-ils connoître les intentions , les volontés de toutes ces perfonnes qu'ils n'ont jamais vues , & dont ils ne connoiffent pas même les noms ?

Ils prétendent que tous les Députés doivent être libres dans leurs difcours , dans leurs délibérations , dans leurs actions ; mais cette liberté doit être renfermée dans les bornes de la raifon , dans l'amour du vrai bonheur de la Nation ; & , fi ces Députés paffent ces bornes , il eft abfolument néceffaire qu'un Préfident leur impofe filence , & s'oppofe à leurs folles entreprifes.

Les uns leur donnent la liberté de propofer toutes les queftions qui leur paroîtront avantageufes à la Nation , & de confentir aux propofitions faites par les autres Députés. Les autres les privent de ce droit ; ils veulent feulement qu'ils foient les organes de leurs Electeurs ; ils leur défendent de s'expliquer autrement , fans avoir pris , fur toutes les nouvelles queftions , l'avis & les ordres de ceux qui leur ont donné leurs pouvoirs. Ce recours à des perfonnes éloignées de cent , de deux cents lieues , eft-il poffible pendant la tenue des Etats-Généraux ?

Les uns veulent que la convocation se fasse suivant l'ordre des Bailliages , des Sénéchauffées, &c. ; les autres suivant l'ordre des Provinces , des Gouvernemens.

Les uns demandent que les Députés du troisieme Ordre soient choisis parmi les Officiers de judicature, qui, avec des lumieres, ont ordinairement le don de la parole. Les autres demandent que tous ces Commiffaires du Roi qui ont des intérêts particuliers à soutenir, ne puiffent jamais être Députés.

Quatrieme obfervation. Les affemblées générales de la Nation, d'après les plans contradictoires qu'en ont tracés nos régénérateurs, deviennent moralement impoffibles.

La diverfité des vues & des motifs de tous ceux qui nous propofent des plans d'affemblées nationales, y répandent mille contradictions. Selon les uns, « un caractere-effentiel, » c'eft que tous les membres de la fociété » doivent y concourir indiftinctement; le vœu » général fe compofant de la réunion des » vœux particuliers, il ne peut être exprimé » que par leur concours univerfel. La liberté » d'un peuple pour élire & pour être élu, » eft pour chacun d'eux collectivement & » individuellement, le plus inviolable de tous » les droits ».

D'après leurs principes, cette univerfalité

doit s'étendre jufqu'aux enfans mineurs, aux fous, aux imbécilles, *aux incapables, aux indignes.* Pourquoi ? parce que ce droit d'élire ou d'être élu part de l'exiftence. Or, les filles, les enfans mineurs, les fous, &c. exiftent comme les autres. Ils peuvent avoir des propriétés ; ils ont tous leurs intérêts à défendre : pour rendre le vœu général de la Nation univerfel, il feroit donc néceffaire de conftater leur état par des informations & des procès - verbaux, de leur donner à chacun des tuteurs, des curateurs, pour veiller à leurs intérêts & conferver leurs droits. Or, eft-il poffible, dans un Royaume auffi vafte, dans un efpace de fix mille lieues, dans un nombre de vingt - quatre millions de fujets, d'en compter exactement tous les individus, d'en conftater juridiquement les lumieres, la démence, la capacité, &c.

Après avoir exigé la collection générale de tous les individus, de tous les propriétaires, de tous les non-propriétaires, ils fe trouvent forcés d'en exclure le plus grand nombre. Les uns fe contentent, fur les vingt - quatre millions, d'en affigner deux millions fix cents mille ; les autres prétendent que fix cents mille fuffiront.

Selon eux, le Roi n'a pas droit d'exclure le moindre citoyen ; mais la Nation affemblée a droit de renvoyer , 1°. *les ignorans , les imbécilles* , les perfonnes qui ont *des momens de démence , les incapables , les infuffifans ;* 2°. tous les non-propriétaires, *les pauvres , les manœuvres , les artifans ;* 3°. les propriétaires mêmes dont la capitation ne fe trouvera pas monter *au-deffus de huit ou douze livres ;* 4°. *tous les mineurs , toutes les perfonnes âgées de foixante ans , parce qu'elles n'auroient pas affez de fermeté & de grandeur d'ame pour prendre & infpirer à la Nation de généreufes réfolutions ;* 5°. *tous les commenfaux du Roi ,* toutes les perfonnes qui en tirent des appointemens & en ont reçu des graces , les Sénateurs, les Officiers, les Juges, les Confeillers, &c. ; 6°. tous les militaires qui tiennent leur état du Roi , & qui feroient portés à fe déclarer hautement pour lui ; 7°. toute la Nobleffe qui a reçu du Roi de beaux privileges, & qui ne peut fe les conferver qu'autant qu'elle fe déclare toujours pour le defpotifme ; 8°. tout le Clergé qui tire du Roi feul fes privileges, & qui attend de lui, ou qui en a reçu prefque tous fes bénéfices ; 9°. tous les Princes du fang qui ont les mêmes intérêts que ceux du Roi, & le Roi lui même, dont les prétentions font oppofées aux intérêts de la Nation. Comment accorder ce droit d'exclure un fi grand nombre de citoyens, avec la néceffité effentielle de recueillir tous les fuffrages , & de laiffer jouir du droit d'élire & d'être élu tous les individus de la Nation ? La Nation n'a ce droit d'exclufion qu'après qu'elle eft affemblée ; mais peut-elle s'affembler avant que tous les fujets aient joui de leur droit d'élection ?

Quelques-uns de ces écrivains veulent abfolument que ces affemblées de la Nation ne fouffrent aucun intervalle & foient perpétuelles ; les autres exigent une commiffion intermédiaire qui exerce les droits de la Nation entre la tenue des Etats ; d'autres s'oppofent fortement , & avec le plus grand courage , à la création de ces petits corps. « Vainement, *dit le Comte d'Ant****, auroit-on » voulu engager les Etats-Généraux à établir » une commiffion permanente, qui les fuppléât » dans l'intervalle des affemblées ; les Etats- » Généraux de 1576 nous ont prouvé qu'un » tel pouvoir n'eft pas donné aux Etats-Gé- » néraux ; & à leur défaut, la raifon nous » apprendroit qu'un pareil établiffement feroit » bientôt un repaire de tyrans, & une af- » femblée de traîtres (1) ».

Toutes ces contradictions , ces querellès qui en réfultent , bien loin d'effrayer les partifans de la régénération, les flattent &

______

(1) *Mémoire fur les Etats-Généraux.* Pag. 251 & fuiv.

raniment les efpérances qu'ils ont conçues de voir tomber l'autorité royale, & renaître le pouvoir fuprême & la liberté abfolue de la Nation. « Il n'eft aucune forte de défordres, » *dit le Comte d'Ant****, qui ne foit préférable » à la tranquillité funefte que procure le pou- » voir abfolu. C'eft pour s'en garantir que ces » affemblées font néceffaires. Eh! qu'on laiffe » agir à leur gré ces fouveraines affemblées; » qu'on ne s'effraie pas de ces orages paffagers » qu'éleve la différence des opinions; c'eft » au feu de ces diffenfions que s'éclairent les » citoyens; & il n'eft peut-être pas d'inftruc- » tions plus profitables, que celles qu'ils re- » çoivent de la libre & ardente difcuffion » de deux hommes éloquens, qui foutiennent » des opinions contraires. C'eft du choc des » élémens que naît l'ordre immuable de la » Nature; c'eft auffi du conflit des fentimens » oppofés que naît la liberté publique, & » fur-tout cette force d'opinions qui la main- » tient ».

Nous penfons bien différemment : plus les affemblées font nombreufes, plus elles font tumultueufes, plus il eft difficile d'apporter affez d'attention pour faifir l'enfemble de ces vérités qui feul peut nous éclairer. *Si l'on affemble les Etats-Généraux*, dit M. d'Argenfon, *aujourd'hui que les bornes du Royaume font bien plus étendues, la cohue & la confusion y seroient encore bien plus grandes ; elles ne l'étoient déja que trop, il y a deux ou trois cents ans. Ce qui se passe en Angleterre, ne doit pas nous faire desirer une forme de gouvernement qui ressemble au Parlement de cette Isle ; & nos assemblées seroient bien plus embarrassantes, étant nécessairement bien plus étendues.* Pag. 294.

Cinquieme observation. En supposant la Nation légalement & régulierement assemblée, d'après les divisions qui regnent déja dans les trois Ordres, il ne lui sera pas possible de délibérer, ni de porter aucun jugement.

Le Tiers-Etat demandoit d'abord pour lui-même un nombre de représentans, proportionné au nombre des représentés ; & comme il paroît composé de vingt-deux millions environ, & le Clergé & la Noblesse tout au plus de deux millions, il demandoit vingt-deux députés du Tiers-Etat, contre deux de chacun des deux autres Ordres.

Aujourd'hui il exige seulement deux députés du Tiers-Etat, contre un seul député de la Noblesse & un député du Clergé, & pour pouvoir lui seul balancer ces deux autres Ordres, il veut que l'on opine par tête, & que les suffrages soient en nombre égal à celui de tous les députés des deux autres Ordres.

Le Clergé & la Nobleſſe demandent qu'on ſuive l'ancienne forme des délibérations, & qu'on opine par Ordre, afin que les deux Députés du Tiers-Etat ne forment qu'un ſeul ſuffrage dans ſa claſſe.

C'eſt cette premiere conteſtation qui, long-temps avant la tenue des Etats, a déja cauſé tant de troubles dans certaines Provinces. Le Tiers - Etat a déja pris les armes contre la Nobleſſe ; il a déja verſé le ſang de pluſieurs perſonnes reſpectables de cet Ordre, & il avoit juré de le détruire.

Le Roi a bien voulu prendre ſur lui d'accorder au Tiers-Etat un nombre de Députés équivalent à celui des deux autres Ordres ; mais il a laiſſé à l'aſſemblée de la Nation à décider ſi l'on opineroit par tête ou par Ordres. Comment la Nation pourra - t - elle terminer ce différent ? Peut-on donc délibérer & juger avant de ſavoir la forme des déli-bérations & le poids des ſuffrages ? Si, la Na-tion étant aſſemblée, cette diſcorde continue, ne ſera-t-on pas expoſé encore à de plus grands malheurs que ceux que la Nobleſſe a déja éprouvés ?

Nous allons terminer toutes ces conteſtations par une ſuite de principes que nous avons établis. Elles ont paru ſouverainement inté-reſſantes à tous ceux qui donnent à la Nation aſſemblée l'autorité ſouveraine, le pouvoir d'exercer la légiſlation, & de changer la conſtitution de notre monarchie. Dans ce cas, ce ſeroit la pluralité des ſuffrages qui porteroit tous les réglemens, & qui ordonneroit leur exécution : chaque ordre de l'État auroit alors le plus grand intérêt de s'appuyer ſur un plus grand nombre de députés, & de donner à chacun d'eux le même droit de faire reſpecter leurs opinions, leurs ſuffrages ; mais du premier coup-d'œil, nous avons ſaiſi l'inutilité & le peu d'importance de toutes ces prétentions.

Nous avons déja prouvé, & nous le démontrerons encore, que les Etats-Généraux n'ont jamais été aſſemblés pour porter des loix, mais pour donner des avis, pour former des demandes, pour faire entendre leurs plaintes, pour offrir d'humbles ſupplications : or, c'eſt l'utilité de ces avis, la juſtice de ces plaintes, la ſageſſe de ces remontrances, le ton humble de ces ſupplications, qui doivent décider Sa Majeſté à y faire droit. Ce n'eſt pas préciſément le nombre des votans, des plaignans, qu'elle doit examiner : cinq ou ſix perſonnes ſages, éclairées & avec des intentions droites, peuvent donner de meilleurs conſeils, indiquer des expédiens plus avantageux, que mille Députés choiſis par des perſonnes peu

inftruites, trompées par de mauvais confeils ;
& uniquement guidées par leurs intérêts per-
fonnels.

Le Roi eft obligé d’entendre & d’examiner
toutes leurs plaintes, leurs diverfes remontrances. Il n’eft point affujetti à fuivre ni **la**
pluralité, ni même l’unanimité de leurs fuffrages ; mais la force, l’enfemble de leurs raifons, leur accord avec les droits de Sa Majefté, avec le bon ordre à établir dans **le**
Gouvernement, avec l’avantage de fes Sujets.
Il étoit donc fort peu intéreffant de fournir
un fi grand nombre de Députés de la part des
trois ordres ; encore moins néceffaire de prétendre donner à tous leurs fuffrages un même
poids, une même confidération. Il feroit contre
le bon fens de juger de la fageffe d’un **avis**,
uniquement par le nombre de ceux qui l’ont
préfenté.

Sixieme obfervation. Quand même la Nation
légitimement affemblée, revêtue du pouvoir
légiflatif qu’elle auroit enlevé à fon Souverain,
auroit trouvé une maniere réguliere de délibérer & de porter de nouvelles loix , il en
pourroit réfulter les plus grands malheurs pour
l’État.

La Nation difperfée peut trouver mille prétextes pour rejetter ces nouvelles loix, portées
feulement à la pluralité des fuffrages, & pour

s'oppofer à leur exécution. Elle peut défavouer fes repréfentans, blâmer les formes vicieufes qu'ils auroient adoptées, les accufer d'avoir outre-paffé les pouvoirs à eux donnés par leurs procurations, d'avoir pris des réfolutions abfolument contraires au vœu général de la Nation. Ces proteftations, ces oppofitions ne manqueront pas d'arriver, fur-tout fi ces Députés ofent porter à l'autorité Royale toutes les atteintes que lui promettent les fauteurs de ces affemblées. Alors nous verrons arriver ce qu'on a déja vu dans ces affemblées, fous François Ier. & Charles IX. La Nation repréfentée blâmera ouvertement la conduite de fes repréfentans : elle fe moquera de toutes leurs opérations. De quelles forces les repréfentans pourront-ils fe revêtir pour fe foumettre tous les repréfentés ? Ils n'ont d'autres pouvoirs que ceux qu'ils ont empruntés de leurs électeurs ; les loix qu'ils auroient portées, ont donc befoin d'être approuvées, confirmées, adoptées par tous ceux qui les ont députés ? Mais peut-on s'affurer de cette confirmation ? Alors on verra ce qu'on a déja vu, un royaume divifé dans fon intérieur, les provinces s'élever contre les provinces, une maifon accabler une autre maifon, & tout l'État divifé contre lui-même, tendre à fon anéantiffement, à fa deftruction. L'affemblée des États-Généraux ne peut procurer un avantage réel à fa nation , qu'autant que tous les repréfentans feront d'un parfait accord avec tous leurs repréfentés , qu'autant que chacun des ordres de l'État ayant des vues auffi droites , tendants au même but , éclairés des mêmes lumieres , formeront , de concert , avec la même fageffe , les mêmes remontrances, les mêmes plaintes, & adrefferont au même Souverain *leurs fupplications* , avec la même foumiffion, la même dépendance. Mais dans ces momens malheureux , où une partie de la Nation veut s'emparer de l'autorité Royale , & où la plus grande partie fe fait un devoir de lui témoigner le plus grand attachement, peut-on fe flatter de voir cet accord, ce concert, & cette unanimité de fuffrages ?

Septieme obfervation. M. Calonne , dans fa lettre au Roi, propofe un nouveau plan, pour donner à ces affemblées une conftitution *folide,* *invariable* , & , felon lui , infiniment avantageufe à la Nation, qui pare à tous les inconvéniens que nous venons de relever. Après avoir fait de grands éloges de la conftitution britannique : « Je ne vois , *dit-il*, qu'un moyen » propre pour affurer le fuccès des Etats- » Généraux , & je l'ai déja indiqué : ce feroit » de réunir les deux premiers Ordres en un

„ feul, d'en former une chambre femblable
„ à celle des Lords fpirituels & temporels,
„ nommée en Angleterre *la Chambre - Haute*,
„ & de laiffer fubfifter la forme des délibé-
„ rations féparées, auxquelles le Tiers-Etat,
„ qui pourroit s'appeller *Chambre des Communes*,
„ n'auroit plus de motif de s'oppofer.... Vu
„ la fituation, où les chofes ont été amenées,
„ il n'y a pas lieu d'efpérer que la concorde
„ puiffe fe rétablir d'elle - même, fans qu'on
„ ait extirpé les germes de diffenfions qu'on
„ n'a que trop fomentées.

„ Il faut donc y pourvoir par quelque
„ moyen nouveau, puiffant & efficace. Celui
„ que je propofe eft éprouvé. C'eft par lui
„ qu'il exifte, en Angleterre, entre les grands
„ & le peuple, plus d'accord qu'il n'y en a,
„ je penfe, dans aucune Nation. Nulle part
„ ailleurs, l'efprit public n'eft auffi marqué ;
„ nulle part, l'intérêt commun n'a plus d'em-
„ pire pour réunir tous les états.

„ Or, il eft conftant que rien n'y contribue
„ davantage que la coexiftence d'une Chambre-
„ Haute & d'une Chambre - Baffe, dans le
„ Parlement. Plus on étudie cet enfemble,
„ plus on l'admire.... Pourquoi ne feroit-on
„ pas quelque chofe de femblable en France,
„ pour donner aux affemblées des Etats-Gé-

» néraux, une confiſtance réguliere, qu'elles
» n'ont pas eue juſqu'à préſent, & faute
» de laquelle, elles n'ont pas été fort utiles ?
  » Cette propoſition n'eſt pas en contradic-
» tion avec ce que j'ai précédemment obſervé
» *qu'il feroit dangereux d'adopter la conſtitution*
» *britannique en partie, qu'il eſt impoſſible de la*
» *faire entrer en entier dans la nôtre.* Il ne s'agit
» pas dans ce que je viens de dire, de conf-
» titution, ni d'aucune innovation dans la
» forme du Gouvernement ; il s'agit feulement
» de l'organiſation de l'aſſemblée des Etats-
» Généraux, & de l'ordre qu'on peut établir
» entre le peuple & les grands. C'eſt ſur ce
» point & quelques autres, qui ne touchent
» en rien aux principes de la ſouveraineté
» monarchique, que je crois qu'on feroit bien
» d'imiter ce qui exiſte avec ſuccès en An-
» gleterre (1) ».

Ce nouveau ſyſtême paroît une approbation
formelle de celui qu'ont accrédité nos plus
ardens régénérateurs. M. Calonne va le réfuter
lui-même.

Premierement, il paroît dans ce moment
occupé uniquement du bonheur des ſujets &
de leur union, & non pas du maintien des

---

(1) *Lettre adreſſée au Roi par M. de Calonne*, p. 137
& ſuivantes.

droits de la royauté. Il dit que ces deux Chambres concourent au maintien de la prérogative royale : oui, mais telle qu'elle se trouve bornée & circonscrite par le Parlement ; toutes deux concourent à la conservation des droits nationaux, mais tels qu'ils ont été étendus & usurpés par ces deux Chambres.

Secondement, il prétend qu'il ne s'agit pas de *constitution, ni d'aucune innovation dans la forme du Gouvernement*, mais seulement de *l'organisation de l'assemblée des Etats-Généraux, & de l'ordre à y établir pour prévenir les dissensions*. Mais l'organisation d'un corps est sa vraie constitution ; & une nouvelle organisation est une vraie innovation. La constitution d'un corps qui a le pouvoir de balancer, suspendre, arrêter, contredire & rejetter les Loix du Souverain, n'est point un corps étranger à la forme du Gouvernement. Il n'est créé que pour y concourir de la même maniere que les Parlemens d'Angleterre, &, selon le même Auteur qui le répete en ce moment : *Il seroit aussi dangereux d'adopter la constitution britannique en partie, qu'il est impossible de la faire entrer en entier dans la nôtre.*

S'il n'exigeoit la Cour des Pairs, la Chambre des Communes, que pour porter des plaintes, pour faire entendre leurs remontrances, on ne pourroit pas lui faire ce reproche ; mais

il

il les exige pour priver le Souverain de ſes droits, pour les tranſporter à ſes Etats. Il veut que le Roi rende à la Nation, la liberté individuelle, & qu'il ne puiſſe plus lâcher aucunes Lettres-de-cachet; la liberté épiſtolaire, & qu'il ne puiſſe plus ouvrir les lettres de ſes ſujets; la liberté de la preſſe, & qu'il ne puiſſe plus établir aucun Cenſeur; la liberté des propriétés, & il ne permet pas au Roi d'exiger le plus léger impôt, ſans le conſentement préalable de la Nation.

Il attribue à ce nouveau Parlement le droit de terminer définitivement toutes les conteſtations qui s'éleveront entre le Roi & ſes Cours ſouveraines. Il ne laiſſe à Sa Majeſté que le pouvoir de porter des Loix proviſoires, & le ſeul jugement des Etats-Généraux les rendra conſtitutionelles & irrévocables. Il ſoumet les Miniſtres, les Conſeillers du Roi à l'autorité des Etats-Généraux, & il veut qu'ils ſoient reſponſables de leur couduite à ce nouveau tribunal. N'eſt-ce pas là faire entrer en entier *dans la France, la conſtitution Britannique*, partager la ſouveraineté, & la tranſporter dans la main des ſujets? & néanmoins il fait un crime à un de ſes ſucceſſeurs dans le miniſtere, d'avoir conſeillé au Roi d'abandonner quelques-unes de ſes prérogatives. *Le projet*, dit-il, *de transférer l'exercice du pouvoir légiſlatif à la Nation , eſt un projet funeſte pour elle - même , qui ne peut que l'expoſer aux plus grands malheurs , & dont il eſt de votre bonté de la préſerver.*

Comment accorder cette nouvelle organiſation des Etats , avec les principes que cet Auteur a établis ſur l'autorité de nos Monarques ? Il aſſure que les Etats - Généraux eux - mêmes , pendant la captivité du Roi Jean , établirent ce grand principe, que *le Roi ſeul pouvoit faire la Loi. . . . La puiſſance légiſlative n'a fait ,* dit - il, *que s'affermir de plus en plus dans la main de nos Rois , ſans aucune contradiction. Toutes les Cours ont conſigné cette maxime dans leurs regiſtres. La puiſſance légiſlative appartient en France au Roi ſeul , ſans dépendance & ſans partage ; ſe pouvoit-il qu'une autorité aſſiſe ſur des fondemens auſſi inébranlables , ſi ſolemnellement atteſtée , ſi conſtamment reconnue par tous les Ordres de l'Etat , une vérité conſacrée par la foi de tant de ſiecles , ceſſât aujourd'hui d'être reſpectée ? p. 45 & ſuiv.* Et lui-même l'oublie , la combat & la détruit. Quand même cette autorité ſouveraine pourroit être partagée, dépouillée de quelques-unes de ſes prérogatives , M. Calonne affirme qu'elle ne devroit pas être communiquée à l'aſſemblée des Etats-Généraux. « Une aſſemblée de mille perſonnes , « renouvellée par élection à chaque tenue ,

» fans guide , fans état , fans connoiffances
» d'adminiftration , peut-elle faire toutes les
» Loix néceffaires dans un grand Royaume ,
» pour y maintenir l'ordre ? *Pag.* 54.

» Cet accord , cette harmonie néceffaire
» pour former une légiflation judicieufe , &
» une adminiftration qui foit uniforme &
» cohérente dans toutes fes branches , peut-
» on efpérer de la trouver dans une multi-
» tude de Députés envoyés de trente - deux
» Provinces , defquels plufieurs different en-
» tierement dans leurs mœurs , dans leurs
» ufages, dans leurs Loix , leurs priviléges &
» dans leurs intérêts ? Qu'on juge de ce qui
» fera par ce qui a été dans les anciennes
» affemblées , lorfqu'il ne s'agiffoit que des
» doléances préfentées , lorfque les limites du
» Royaume n'avoient pas acquis une auffi
» grande étendue , lorfqu'une fauffe politique ,
» un defir immodéré de popularité n'avoit pas
» encore femé & fomenté , entre les premiers
» Ordres de l'Etat & le peuple , ce germe
» d'éternelle difcorde , dont il eft fort à
» craindre que les conféquences n'éclatent
» bientôt au détriment de la chofe publique » ?

Ce portrait qu'on nous donne ici des Etats-
Généraux eft très-vrai; pourquoi donc vouloir
leur confier de prononcer fur les Loix mêmes ,
qui fouffriroient les plus grandes conteftations ,

& de décider fi la volonté du Roi doit l'emporter fur les prétentions du Parlement, ou fi les intentions du Parlement doivent prévaloir fur la volonté abfolue du Roi ?

Remarquez que dans l'article qui précede celui-ci, M. Calonne trouve les fondemens inébranlables de l'autorité fouveraine, non pas dans le droit naturel, dans le droit religieux, mais uniquement dans le fentiment & la volonté des fujets qui ont abandonné & créé cette autorité. C'eft-là le principe & la fource de toute autorité, pour les non-Catholiques & pour le Royaume d'Angleterre.

« Il ne s'agit pas, *dit-il*, de remonter à la ,, premiere origine du pacte focial. Ce contrat ,, primitif n'exifte pas ; mais il eft cenfé s'être ,, fait entre le peuple & le Souverain. Il fuffit ,, qu'il foit univerfellement reconnu que , ,, lorfque tous réunirent leurs pouvoirs entre ,, les mains d'un feul, ce fut pour qu'il les ,, fît fervir au bonheur de tous.... Vous êtes ,, conftitué, Sire, le chef fouverain de la ,, Nation , le légiflateur fuprême de votre ,, Royaume, le dépofitaire de la force pu- ,, blique. . . . .

,, Cette force, qui eft le principe de tout ,, pouvoir , appartient fans doute au plus ,, grand nombre, fi l'on raifonne dans l'état ,, de nature, &, fous ce point de vue, il

» n'exifteroit aucune autre fouveraineté dans
» le monde, que celle de la multitude. On
·» pourroit même dire que celle du genre hu-
» main entier eft au-deffus de tous les Empires.
» Mais lorfqu'on parle du Gouvernement d'un
» pays, il faut fe détacher néceffairement de
» ces idées abftraites. ... &c. ... *Pag.* 131.

En parlant au Roi, comment ofer mettre
fous fes yeux des principes auffi faux, auffi
dangereux, capables de faire difparoître toute
autorité, & d'exciter la révolte?

Si chaque individu eft né abfolument indépendant, ils ne forment donc une nation que
par une affociation volontaire. Leurs volontés
libres font donc les feuls liens qui les réuniffent;
ils peuvent donc à tout moment être rompus.
La Nation affemblée n'a donc qu'une autorité
qu'elle a empruntée de tous fes membres:
les repréfentans dépendent plus des repréfentés,
que les repréfentés ne dépendent des repréfentans; ceux-là pouvant toujours défavouer
ceux-ci, rejetter leurs loix, fe féparer de tous
ceux qui voudront les foumettre, & former
autant de nouveaux corps par une nouvelle
affociation libre, qu'il fe trouvera de diverfité
& d'oppofitions dans leurs fentimens.

S'il eft vrai que la nature a placé l'autorité
dans les mains de chacun des fujets qui exiftent,
qu'elle n'eft paffée dans celles de Souverain

que par un confentement parfaitement libre, chacun des fujets peut, à tout moment, retirer fon confentement, & fe rétablir dans l'indépendance où il eft né.

Si la force publique eft le principe de tout pouvoir, tous ceux qui auront affez d'adreffe pour s'emparer de cette force par leurs cabales, leurs intrigues, auront dans leurs mains tous les pouvoirs légitimes, & le Souverain fe trouvera fans force, fans autorité.

Si ces pouvoirs, cette force n'ont été accordés au Souverain que *fous certaines conditions*, comme l'affure M. Calonne lui-même, & que le Roi foit accufé de ne les avoir pas refpectés, le peuple non - feulement pourra, mais il aura le droit de fe fouftraire à l'obéiffance d'un fimple homme, qui, par le refus de fes fujets, fe trouvera fans autorité.

Dans ces faux principes, il en eft de la dépendance de tous les fujets à l'égard du Souverain, comme de la dépendance d'un ferviteur à l'égard de fon maître : il en eft né indépendant, il ne s'y trouve foumis que par un acte de fa liberté, & fous certaines conditions. Quand même fon maître feroit fidèle à remplir les conditions ftipulées, à accorder même toutes celles qu'on pourroit exiger de nouveau, le ferviteur peut changer de réfolution, & fe rétablir dans fon indépendance, fans violer les loix de la juftice. Voilà la véritable idée qu'on veut nous donner, même de toutes les monarchies. Si le monarque abufe de fon autorité & ne refpecte pas les engagemens qu'il a pris, il perd tous fes droits: quand même encore il obferveroit exactement toutes les conditions qui lui auroient été impofées, un fujet né libre & indépendant peut rétracter ce confentement qu'il auroit bien voulu donner, & fe rétablir dans fon premier état. Le Souverain ne peut avoir aucun droit fur un don qui lui a été fait gratuitement, pour un temps indéfini.

C'eft ce principe abfurde, qui, dans les derniers fiècles, a caufé tant de chutes, tant de révolutions dans les états de l'Europe, qui caufe aujourd'hui dans ce royaume tant de divifions, de cabales & de troubles, & qui a conduit un fi grand nombre d'efprits à d'affreux fyftêmes, à des entreprifes fi funeftes.

Comment ofer dire que *la force publique eft le principe de tous les pouvoirs !* le dernier des fujets qui fauroit s'en emparer, deviendroit donc le Souverain légitime ? Comment ofer affirmer qu'*il n'exifte aucune Souveraineté que dans la multitude !* Quels fujets pourroient donc refpecter cette autorité fouveraine ? Comment peut-on imaginer que le *genre humain entier eft au-deffus de tous les Empires ?* Sur qui le genre humain entier pourroit-il exercer fon commandement & fon empire ? Peut-on enfeigner des principes plus féditieux, & des maximes plus révoltantes ?

M. Calonne adopte ici les mêmes principes que ce Miniftre, qu'il accable des reproches les plus amers. Pourquoi lui faire un crime d'avoir donné des confeils, qui en font les juftes conféqüences ? Pourquoi, comme lui, nous indiquer pour fondement inébranlable de l'autorité fouveraine, une maxime qui l'expofe à des révolutions continuelles ?

Il eft vrai qu'il s'excufe fur ce que ces propofitions ne préfentent *que des vérités abftraites, tirées de l'état de nature.* Toutes les propofitions vagues, tous les principes généraux nous offrent des vérités abftraites ; mais quand ces vérités font fondées fur l'état de nature, elles font les plus grandes impreffions fur notre efprit ; & fi on les montre fous un faux jour, elles ne manquent pas d'infinuer les fentimens les plus pernicieux. Ah ! fi nous ofions comme lui, adreffer la parole à notre augufte Souverain, nous le fupplierions de vouloir bien fe défier des confeils qui partent de toutes ces perfonnes attachées à des maximes auffi fauffes, auffi attentatoires à fon autorité ; de fixer fon attention fur ces grandes vérités de la religion Chrétienne, qui, de concert avec la religion naturelle , avec les lumieres de la raiſon , nous montrent dans la toute-puiſſance de Dieu la vraie ſource de toutes les puiſſances de la terre , & qui nous apprend qu'on ne peut pas manquer d'obéir à ſon Prince ſans déſobéir à Dieu même. Nous oſerions lui prédire que ſon autorité ne ſera reſpectée dans ſon royaume , qu'à proportion de l'empire que la religion exercera ſur le cœur & l'eſprit de tous ſes ſujets. Les mauvais plans , les vues perni-cieuſes , les contradictions de tous ceux qui s'écartent de ces grands principes religieux , ſuffiroient pour donner la préférence à la reli-gion ſur la philoſophie de notre ſiecle.

Enfin , quand il ſeroit facile d'établir dans noſ États-Généraux la forme du gouverne-ment Britannique , quel grand avantage la Nation pourroit-elle tirer de cette régéné-ration ?

La perſonne du Roi eſt-elle plus reſpectée en Angleterre ? Son autorité eſt-elle plus puiſ-ſante, ſon gouvernement plus facile, ſon droit de légiſlation y trouve-t-il moins d'obſtacles ?

Dans leur accord & leur concert prétendus , les deux Chambres , haute & baſſe , ren-contrent-elles des moyens plus ſûrs , pour appaiſer les mécontentemens , pour éviter les révoltes , les guerres civiles , la perte de leurs provinces ? Elles préſident à la levée , à la répartition des impôts ; mais la Nation en est-elle moins chargée de dettes , & les citoyens moins accablés de contributions ?

La Noblesse y tient le premier rang ; mais y est-elle plus respectée qu'en France ? Pour entrer même dans la chambre basse , ne se trouve-t-elle pas obligée de briguer des suffrages , de s'abaisser , de s'avilir , devant même les derniers du bas peuple , les plus vils artisans ?

Les sujets , il est vrai , y jouissent d'une plus grande liberté ; mais n'en résulte-t-il pas de plus grands abus ? Leur conduite en est-elle plus réguliere , leurs mœurs plus pures , leur sobriété , leur tempérance plus grandes , leurs manières plus honnêtes , leur union plus solide , la paix de la société plus constante ? Nous connoissons des Seigneurs Anglois très-honnêtes , très-vertueux ; mais nous ne voudrions pas adopter même ces caracteres que nous trouvons si aimables , si respectables.

Ce n'est certainement pas pour flatter notre goût , qu'on veut nous rendre Anglois : c'est pour abaisser le Souverain , pour nous dégoûter de l'obéissance , pour élever une partie de la Nation au-dessus de l'autre , pour exposer cet état aux mêmes troubles dont la Grande-Bretagne est sans cesse agitée. *Le projet de transférer l'exercice de la royauté à la Nation* , dit M. Calonne, *est un projet funeste pour elle-même , qui ne pourroit que l'expofer aux plus grands malheurs.*

Huitieme obfervation. Quelles font donc ces reffources puiffantes, qu'on apperçoit dans les mains des États-Généraux, & qui font défirer, avec tant d'ardeur, & leur affemblée prochaine, & leurs retours périodiques? Ce n'eft certainement pas pour former dans l'Etat une nouvelle puiffance Souveraine, revêtue d'un pouvoir fupérieur, que le Roi ordonne cette affemblée. Auroit-il donc un véritable intérêt de créer une puiffance émule, en état de lui lier les mains, de l'attaquer, de le combattre, de le dépouiller ? Tels font les vrais deffeins de nos régénérateurs ; mais, dans une pure monarchie, il ne peut jamais y avoir qu'une feule autorité. Tous les fujets affemblés font autant dépendans que s'ils fe trouvoient difperfés ; &, dans leurs féances folemnelles, ces compagnies fi nombreufes doivent affecter de donner au Roi des témoignages plus éclatans de leur refpect, de leur foumiffion, de leur attachement inviolable. Le Roi les appelle uniquement pour fe mettre en état de procurer le bonheur & la tranquillité de fon royaume. Il marque le lieu & fixe le temps de leurs féances, le nombre des Députés : s'il le juge à propos, il déterminera la maniere de convoquer les divers ordres de l'État, de recueillir leurs fuffrrages, les divers objets fur lefquels il veut qu'on délibere & veut être éclairé : il follicite des avis, des confeils, & forme des demandes : il fonde les difpofitions de fes fujets fur les nouvelles obligations qu'il veut leur impofer : dans les difficultés qu'il rencontre, il ne veut pas fe borner à préfumer leur confentement ; avant de porter fes loix, il veut s'en affurer : il leur permet de s'expliquer avec franchife fur les nouveaux plans qu'il propofe, & de lui expofer toutes les difficultés qui pourroient les arrêter. Voilà les premiers objets qui doivent être traités & dans les bureaux particuliers, & dans les féances générales, & le premier moyen de contribuer au bonheur de l'État.

« Le feul avantage, *dit M. d'Argenfon*, qu'un » Roi fage & prudent, mais qui a été trompé, » peut tirer des États Généraux pour le bien » de fes fujets, c'eft de réunir les perfonnes » inftruites de l'État & des véritables intérêts » des provinces, afin de pouvoir les confulter » dans chaque circonftance importante, & » de ne rien faire que d'après leurs avis rai-» fonnés & réfléchis ».

Il en réfulte une autre reffource. La Nation affemblée, plus que les particuliers & les petits corps, a le droit naturel de fe plaindre des injuftices qu'elle éprouve, des charges exorbitantes qu'on lui impofe, des malheurs qui l'accablent, de tous les inconvéniens qu'elle rencontre de la part de l'adminiftra- tion. Elle eft deftituée de toute puiffance, de toute autorité ; mais elle a le droit que lui donnent les Loix naturelles, même les Loix conftitutionnelles, de préfenter fes re- montrances, pour appuyer toutes fes plaintes, & pour convaincre le Monarque de l'obliga- tion où il eft de les écouter & d'y répondre. Elle a droit de le fupplier humblement & avec de vives inftances, d'accélérer les fecours qui lui font dus, & de faire ceffer au plus tôt tous les abus que fes Miniftres, fes Juges ont faits de fon autorité ; elle a droit de faire d'ité- ratives *doléances*, *remontrances*, *fupplications*. Sa Majefté leur permet de jouir de tous ces droits ; elle reçoit avec bonté les cahiers de leurs plaintes, & un Roi fage & vertueux ne manque jamais de faire droit à toutes celles qui lui ont paru juftes & bien fondées ; mais, dans le cas où ces grandes affemblées éprouveroient de longs délais, des refus, elles n'ont pas le droit d'oppofer l'autorité à l'au- torité, des Loix à des Loix, la force à la force.

Les ordonnances les plus évidemment in- juftes, qu'il ne feroit pas permis d'exécuter, ne difpenfent point les fujets, même affemblés, du refpeƈt qui eft dû à la perfonne du Monarque qui les propofe, au rang qu'il occupe, à l'autorité dont il prétend les appuyer. C'eft dans ces momens d'une réfiftance légitime, que le fujet doit effayer de la rendre excufable par de nouveaux témoignages de fa foumiffion & de fa dépendance. Jamais, en France, la Nation, même affemblée, n'a feulement penfé à oppofer la force à la force, ni à ces fortes d'infurrections que quelques Anglois fe croient permifes. Les Fanatiques, du temps de la ligue, ont donné dans ces écarts; ils étoient une fuite de leurs égaremens & de leur attachement à l'erreur; & nous les croyons encore aujourd'hui les feuls capables de fe porter à ces excès. Les feules armes qu'un Citoyen honnête peut employer contre fon Prince, dans quelque état d'oppreffion qu'il fe trouve, font celles que lui fourniffent la Raifon, la Religion, l'équité, la juftice, les intéréts du Monarque, les befoins du peuple, les Loix fondamentales de la Nation, les traités, les conventions admifes. Tous les coups doivent être portés dans ces remontrances, ces requêtes, ces mémoires que le Roi veut bien examiner; préfentés d'une voix unanime, au nom de la Nation entiere affemblée, ils ne peuvent pas manquer de faire fur le cœur d'un Roi bon & fage comme le nôtre, des impreſſions encore plus fortes, plus efficaces que n'en pourroient faire les menaces, les commencemens d'inſurrection : le reſpect pour l'autorité ſouveraine, la ſageſſe, la prudence, l'amour même du bien public & de nos propres intéréts ne nous permettent jamais de prendre un autre parti.

A ces grands principes, on oppoſe des difficultés que nous avons promis d'éclaircir & de réfuter. Cette grande objection eſt la ſource unique de la diverſité des opinions, des troubles, des diviſions qui ont éclaté dans tous les Etats, & que nous éprouvons nous-même aujourd'hui. En y répondant clairement, nous fournirons un moyen ſûr pour faire ceſſer tous les troubles.

Si un Roi ſage & bon veut bien faire droit à toutes les plaintes qui lui ſeront portées, ſur-tout par les Etats-Généraux, la Nation pourra trouver, dans cette reſſource, un remede à tous ſes maux ; mais ſi un Roi violent & peu ſenſé affecte de commettre les plus grandes injuſtices ; s'il eſt inflexible, inhumain ; s'il fait ſervir la force publique pour accabler ſa Nation & la charger d'impôts intolérables ; les remontrances les plus humbles, les plus fortes ne ſerviront qu'à bleſſer ſon orgueil ; il s'abandonnera à tous ſes caprices, & deviendra encore plus cruel ; alors la Nation opprimée, dévaſtée, n'aura plus aucun moyen pour travailler à ſa conſervation ; l'amour légitime de ſoi - même n'autoriſe-t-il pas la Nation entiere de faire prévaloir ſes droits & d'employer ſes forces même, pour ſe défendre contre des injuſtices auſſi criantes ?

Nous répondons, premierement, que cette objeƈtion ſuppoſe un fait qui n'eſt point ordinaire ; il n'eſt gueres poſſible qu'un Monarque ſe porte conſtamment à tous ces excès que l'on ſuppoſe. Quelques-uns de nos Souverains ont pu exercer ces rigueurs contre des perſonnes, des villes, des provinces qui paroiſſoient leur avoir manqué ; mais jamais aucun d'eux n'a tenté de pareilles entrepriſes contre la Nation entiere.

Nous répondons, ſecondement, que, dans le cas ſuppoſé, après avoir réitéré ſes plaintes, ſes remontrances, ſes humbles ſupplications, la Nation, pour ſe mettre à l'abri d'auſſi grandes violences, pourroit mettre ſes fonds en ſûreté, & ſe ſouſtraire à tous les coups qu'on eſſayeroit de lui porter ; mais nous ne pouvons pas nous écarter des principes que nous avons établis. L'amour légitime de nous-mêmes, qui autoriſeroit notre défenſe contre nos égaux, ne l'approuveroit pas contre la

perſonne

perſonne inviolable de notre Souverain : La raiſon, la Religion Naturelle, la Religion Chrétienne, dans aucun cas, ne peuvent pas autoriſer la révolte, les attaques contre le Chef de la ſociété. Outre que le Citoyen, la Nation entière pourroient quelquefois regarder comme une grande injuſtice, ce que le Souverain auroit jugé d'une extrême néceſſité; la Nation auroit plus à craindre d'une guerre civile qu'elle auroit déclarée à ſon Prince, que des injuſtices qu'elle auroit à ſouffrir de lui. A ces violences, nous devons ſeulement oppoſer la patience, le plus grand courage, et chacun des Citoyens doit être toujours prêt à ſacrifier ſes biens, ſa liberté, ſa vie même, plutôt que d'exciter une révolte, & d'allumer le feu de la ſédition dans tous les cœurs.

Nous répondons, troiſiémement, que, dans des circonstances auſſi fâcheuſes, où la Nation ſe trouve incapable de s'échapper aux plus grands malheurs, la providence de Dieu, qui fait tirer le bien du mal, lui procure une nouvelle reſſource : elle n'approuve pas, elle punira même les excès de part et d'autre; mais ſi elle tolere dans le Souverain les plus grandes injuſtices, elle tolere également dans le ſujet la plus grande révolte; & par-là elle nous fait trouver dans la perverſité du cœur de nos

Concitoyens, un moyen de remédier à l'in-juftice, à l'inhumanité du Souverain.

L'expérience nous apprend que, toutes les fois que le Gouvernement s'est arrogé le droit de vexer conftamment fes fujets, et s'est fait un plaisir de les opprimer, tous les fujets ne fe font pas fait un devoir de fe contenir dans les bornes du refpect & de l'obéiffance : fouvent, quoiqu'ils n'en euffent pas le droit, ils fe font foulevés, ils ont pris les armes. Nous venons de les voir mifes en action dans une de nos Provinces, fur un premier refus & de purs foupçons. Ces petites révoltes ont fouvent porté, & à la Nation, & à la puiffance Royale, les coups les plus funeftes : lors même qu'elles ont pu être réprimées, la perfonne du Souverain, fon autorité, fon Royaume, ont couru les plus grands dangers. La Nation ne peut pas approuver une pareille conduite, elle doit être remplie elle-même d'indignation contre ces rebelles; mais elle peut profiter de ces malheurs, pour mettre fous les yeux du Prince, les périls auxquels il fe trouvera né-ceffairement expofé. Des confidérations fi in-téreffantes ne peuvent pas manquer d'abaiffer les hauteurs; de calmer les violences, même d'un tyran.

Ces attaques, de la part de tous les mauvais

fujets, l'effrayeront peut-être plus que le foulevement de la Nation, qui fauroit garder plus de modération. Ses humbles fupplications feront d'autant plus d'impreffion, qu'elle témoignera plus d'horreur & plus d'indignation contre ces rebellions mêmes. Les malheurs qu'elle annonce, mais qu'elle déplore, qu'elle improuve, ne la rendront point coupable : au contraire, l'intérêt qu'elle montrera pour le bonheur de l'Etat & le maintien de l'autorité de fon Prince, la rendront plus chère à fes yeux, & le toucheront bien plus que fes menaces. Voilà toutes les reffources que nous croyons permifes aux affemblées de la Nation.

Les bornes fi étroites que nous venons de mettre aux droits des Etats – Généraux, ont été reconnues & obfervées par la Nation, jufqu'au moment où l'on vient de la foulever.

Bodin, qu'on préfente aujourd'hui comme le plus zélé défenfeur de ces grandes affemblées, dans fon ouvrage *de la République*, livre premier, chapitre huitieme, nous a tranfmis l'enfemble de tous ces grands principes, fur lefquels toute notre Apologie fe trouve appuyée. Si nous paroiffons traîtres à la Nation, ce fameux Jurifconfulte l'a été long-temps avant nous.

M. le Comte d'Ant *** prétend que ces grands principes font erronnés. Il cite un difcours du même Auteur, où il les contredit formellement. Mais il nous indique lui-même la caufe de cette contradiction. Bodin , dit-il aux Etats de Blois , parloit au nom de la Nation , fur le ton que prennent *tous ces grands hommes , qui ne trouvent de faveur honorable que dans la bienveillance du peuple* (1). Et nous , nous remarquons que dans fon traité de la République , il parloit en fon nom , il étoit tout occupé des droits véritables du Souverain , & il les a montrés dans le plus grand jour. C'eft ainfi qu'il s'exprime.

« Quant aux loix qui concernent l'état du » Royaume & de l'établiffement d'icelui , » d'autant qu'elles font annexées & unies » avec la Couronne, le Prince n'y peut déro- » ger , comme eft la loi falique ; & , quoi qu'il » faffe , toujours le fucceffeur peut caffer ce » qui aura été fait au préjudice des loix » Royales , & fur lefquelles eft appuyée & » fondée la Majefté Souveraine. . . . .

» Quant aux Coutumes générales & parti- » culieres, qui ne concernent point l'établif- » fement du Royaume, on n'a pas accoutumé » d'y rien changer, finon après avoir bien & » duement affemblé les Trois États de France » en général, ou de chacun Bailliage en par-

---

(1) Mémoire fur les Etats - Généraux. *Pag.* 172.

» ticulier ; non pas qu'il foit néceffaire de
» s'arrêter à leur avis, ou que le Roi ne puiffe
» faire le contraire de ce qu'on demandera,
» fi la raifon naturelle & la juftice de fon
» vouloir lui affifte ; & en cela fe connoît la
» grandeur d'un vrai Prince Souverain, quand
» les États de tout le peuple fe font affemblés,
» préfentans requêtes & fupplications à leur
» Prince en toute humilité, fans avoir aucune
» puiffance de rien commander, ni décerner,
» ni voix délibérative. Ainfi, ce qu'il plaît
» au Roi confentir ou diffentir, commander
» ou défendre, eft tenu pour Loi, pour Édit,
» pour Ordonnance. En quoi ceux qui ont
» écrit du devoir des Magiftrats, & autres livres
» femblables, fe font abufés de foutenir que
» les États du peuple font plus grands que le
› Prince : chofe qui fait révolter les vrais
» fujets de l'obéiffance qu'ils doivent à leur
» Prince Souverain, & n'y a raifon ni fon-
» dement quelconque en cette opinion-là,
» fi le Roi n'eft captif, ou furieux, ou en
» démence : car fi le Prince eft fujet aux États,
» il n'eft ni Prince ni Souverain, & la Répu-
» blique n'eft ni Royaume ni Monarchie, ains
» une pure ariftocratie de plufieurs feigneurs
» en puiffance égale, où la plus grande partie
» commande à la moindre en général, & à
» chacun en particulier. Il faudroit donc que

» les Édits & Ordonnances fuſſent publiés
» au nom des États, & commandés par les
» États, comme en Seigneurie Ariſtocratique,
» où celui qui préſide n'a puiſſance aucune,
» & doit obéiſſance aux mandemens de la
» Seigneurie, qui ſont toutes choſes abſurdes
» & incompatibles »

CONCLUSION.

Nos engagemens ſont remplis : nous avons démontré les attentats commis contre la puiſſance Royale, les fondemens de ſon autorité, l'étendue des droits qui en ſont inſéparables, les bornes qui la terminent, les reſſources de la Nation pour échapper à tous les abus de l'autorité. Si les ennemis de la Monarchie daignoient fixer leur attention ſur l'accord & l'enſemble de toutes ces vérités que nous venons d'expoſer, ils ſe trouveroient dans l'im-poſſibilité de les combattre & de les contre-dire. Nous les défions tous d'établir aucun ordre entre les maximes ſéditieuſes qu'ils s'ef-forcent de répandre & d'accréditer. Mais nous ne pourrons pas échapper à leurs injures, à leurs menaces. Tous ces bons citoyens qui refuſent de donner dans leurs égaremens, deviennent l'objet de leur haine & de leurs emportemens. La fureur qu'ils ont de ſiéger aux États-Généraux, pour s'emparer de l'autorité souveraine, les porte à toutes fortes d'excès. Ils continuent d'infulter tout ce qu'il y a de plus grand, de plus refpectable dans ce royaume.

Princes Séréniffimes, le zèle que vous avez fait paroître pour le maintien de l'autorité Royale, & pour le bonheur de la Nation, méritoit de fa part le plus profond refpect, la plus vive reconnoiffance; & il vous a attiré, de la part de tous ces furieux enthoufiaftes, les reproches les plus amers, les calomnies les plus odieufes.

Ah! vos craintes n'étoient que trop fondées! Ces malheurs que vous apperceviez de loin, déja tombent fur nous : ces attentats horribles, qui vous effrayoient tous les jours, s'aggravent & fe multiplient, & cette funefte révolution que vous redoutiez, paroît accomcomplie. Un auteur connu vient de publier, « qu'une partie des droits de la Souveraineté » ne pouvoit pas fe défendre ; qu'on a déja » reftitué noblement ce qui ne pouvoit pas » fe garder fans injuftice & fans péril..... » Que le pouvoir national peut fubfifter fans » les Rois ; qu'ils n'en ont pas la moindre » part ; que même dans le pouvoir Monar- » chique, ils n'en ont qu'une partie inté- » grante : que l'autorité Souveraine (en paf-

O 4

fant dans les mains du peuple) ,, fe place fur ,, une bafe nouvelle & inébranlable. Qui ,, pourroit, *dit-il,* difputer au Peuple le Sceptre ,, de la loi ? (1).

On va plus loin. Quelques Bailliages étant affemblés , la Nobleffe , le Tiers État demandent qu'on obtienne des États - Généraux la fuppreffion des loix , même de la Religion : qu'ils aient à accorder à tous les hérétiques l'exercice d'un culte public , à tous les Catholiques la permiffion de fe fouftraire au précepte de la confeffion , à tous les Eccléfiaftiques la difpenfe du célibat , à tous les époux féparés de leurs époufes la liberté de contracter de nouveaux mariages , &c. Les *Non - Catholiques* feuls pouroient porter des loix auffi criminelles. Ils fe flattent donc que l'impiété , le déïfme & l'héréfie préfideront aux féances des États-Généraux. Ainfi l'on fuppofe dans les mains de la Nation , des pouvoirs qui n'ont jamais exifté dans celles du Monarque. On nous la repréfente comme déja revêtue d'une autorité bien fupérieure à celle du Roi.

Daignez , auguftes Princes , fupplier Sa Majefté de ne pas imputer à la Nation en-

____

(1) Obfervations rapides fur la lettre de M. de Calonne.

tiere des idées auſſi fauſſes, des ſentimens auſſi pervers. Ces propos infâmes ne partent que de deux ou trois cents écrivailleurs intéreſſés & peut-être ſoldés, pour allumer le feu de la ſédition. Le plus grand-nombre de ſes ſujets lui eſt entierement dévoué. Ils ſont prêts à ſacrifier tous leurs intérêts pour défendre ceux de leur Souverain.

Sa Majeſté veut bien accorder à ſes Provinces, une petite partie de ſon adminiſtration. Ce trait de bienveillance reſſerre encore les liens qui nous attachent à ſa perſonne ; mais ſans doute il ſuit les conſeils de cet habile Miniſtre, qui fait dire au Roi, que *ſon deſſein n'a jamais été de céder la moindre partie de ſon autorité* (1). Il ne veut pas rendre ſon peuple propriétaire de droits qui ſont inaliénables. Voudroit-il permettre à ſes ſujets de mettre ſa couronne à leurs pieds, & leur donner ſon ſceptre à porter. Nous oſons le déclarer, au nom de la Nation, ſi jamais elle l'appercevoit dans des mains étrangères, elle ceſſeroit de le reſpecter. Ces querelles, ces conteſtations éclatantes qui s'élevent dans nos aſſemblées préparatoires, ſont une preuve évidente que tous les François n'embraſſent pas ces projets deſtructeurs, & que les ennemis de la Royauté trouveront les

____

(1) M. d'Argenſon,

plus grands obſtacles au moment où ils voudront les-exécuter.

Ceux - ci ſe permettent tous d'inſpirer à la
Nation le goût de la révolte ; & nous n'oſons
pas témoigner à Sa Majeſté les ſentimens affec-
tueux qui nous attachent inviolablement à ſa
perſonne. Daignez - les lui faire connoître ;
conjurez-la de prévenir ces diſſenſions odieuſes
qui ont déja cauſé tant d'atrocités dans ſon
Royaume, de rejetter les avis de toutes ces
perſonnes qui, n'ayant jamais eu une véritable
notion de l'éminence de ſes pouvoirs, oſent
déclarer qu'il en eſt redevable, reſponſable
uniquement à ſon peuple.

La Religion Chrétienne eſt le plus ferme,
le plus ſolide appui de ſon trône : *Non-ſeulement la foi, mais la politique même oblige de la
reſpecter, de la conſacrer*, diſoit M. d'Argenſon (1).
Priez-le d'exclure des Etats-Généraux tous ces
mauvais ſujets qui oſent la mépriſer & la décrier.

Le bonheur du Gouvernement dépend du
reſpect porté par tous les ſujets, aux Loix
conſtitutives de la Monarchie ; engagez Sa
Majeſté à ne pas permettre d'aſſiſter aux délibérations des Etats-Généraux à tous ces réformateurs qui refuſeront de s'y ſoumettre & d'y

---

(1) *Conſidérations ſur le Gouvernement de France.*
Pag. 291.

foufcrire, & qui continueront à vouloir partager avec elle le droit de la légiflation.

Sire, vos fujets, il eft vrai, ont des droits
à réclamer. Votre Augufte Majefté eft obligée
de les leur conferver. Mais jamais la Nation,
même dans fes affemblées, n'a eu aucun pouvoir, aucune autorité, aucune force pour vous
contraindre à les refpecter. Tel eft le principe
fondamental de toutes les vraies Monarchies ;
& le Code national, l'Abrégé des Loix confti-
tutionelles du Gouvernement de France. Nous
vous supplions très - humblement de ne pas
fouffrir qu'on y porte les moindres atteintes.

François , (ce beau nom ne convient qu'à
des fujets parfaitement foumis , fincerement
attachés à leur Prince ; des Citoyens religieux
peuvent feuls être les membres véritables
d'un Royaume très-Chrétien), c'eft pour vous
entretenir dans ces beaux fentimens & pour
vous garantir de ces maximes féditieufes, qu'on
s'efforce de vous infpirer , que nous avons
pris la plume. Appliquez - vous à connoître
ces Loix de la Nature , de la Religion , du
droit Civil, que nous venons de mettre fous
vos yeux. La Religion vous fera voir dans
fes pages facrées, que tous ceux qui nient
l'exiftence & la providence de Dieu , font
des infenfés : *Dixit infipiens in corde fuo , non
eft Deus ;* & vous reconnoîtrez auffi-tôt que

tous ceux qui nient l'exiſtence d'une autorité ſouveraine, chargée en ſon nom de maintenir l'ordre dans les ſociétés, nient auſſi l'exiſtence & la providence de Dieu. Un grand Roi nous a donné l'hiſtoire de ces écrivains furieux, qui jettent dans tous les cœurs les ſemences de la révolte, de ces enfans des hommes qui travaillent à nous enlever la connoiſſance des vérités les plus importantes : *Diminutæ ſunt veritates à filiis hominum.* Le nombre de ces impies qui nous environne eſt prodigieux ; mais ce Dieu qui ſouffre que l'impiété ſe répande, trouvera toujours dans ſa puiſſance, des moyens ſûrs pour la confondre & la faire diſparoître : *In circuitu impii ambulant, ſecundùm altitudinem tuorum multiplicaſti filios hominum.* Les propos audacieux que ces écrivains peu ſenſés tenoient alors, ſont les mêmes que nous entendons aujourd'hui : *Nous avons les plus grands talens pour écrire & pour parler ; notre éloquence eſt à nous ; nos levres, notre langue, ne dépendent de perſonne ; qui pourroit prétendre dominer ſur nous, & ſe dire notre maître ? Dixerunt linguam noſtram magnificabimus ; labia noſtra à nobis ſunt ; quis noſter Dominus eſt ?* . . .

Nos régénérateurs montrent la même confiance dans leurs talens, dans ce ſtyle qui leur paroît fleuri ; & , pour arriver au même but, ils se servent des mêmes moyens. Ils emploient *le dol, l'artifice & la fraude, pour séduire & corrompre tous les cœurs. Tous ceux qui les approchent* ou qui lisent leurs brochures, *sont ébranlés par leurs faux raisonnemens. Vana locuti sunt unusquisque ad proximum suum. Labia dolosa in corde & corde locuti sunt.*

A ces sophismes qu'ils ne cessent de débiter, opposez ces grands principes de la raison, qui se trouvent appuyés sur la révélation, & s'accordent avec elle.

Tous ces hommes trompés par leurs préjugés, entraînés par leurs passions, ne nous offrent que des ténebres, des nuages, un mélange de vrai avec le faux qui nous attire, qui nous repousse, & qui nous fait prendre l'erreur pour la vérité : il n'en est pas ainsi des connoissances que nous trouvons dans la raison & dans la révélation. La vérité s'y montre dans le plus grand jour. Toutes les paroles du Seigneur sont chastes, sans aucun prestige, sans aucun mélange : *Eloquia Domini, eloquia casta.* C'est un métal précieux & solide, dont toutes les parties formées dans la terre, ont été purifiées & consolidées par l'ardeur des flammes les plus vives. C'est un argent du plus grand éclat qui, après avoir passé sept fois dans le creuset, par la pureté & l'union la plus étroite de toutes ses parties, se trouve

toujours arrivé à la plus grande perfection:
*Argentum igne examinatum , probatum terræ ,
purgatum feptuplùm.* Attachez-vous inviolablement à ce bel enfemble de vérités, à ces
lumieres éclatantes ; priez le Seigneur *d'écarter
loin de nous tous ces efprits faux & légers ;* con-
jurez-le *de fauver la France , & de nous délivrer
pour toujours de cette génération perverfe qui a
déja caufé tant de malheurs dans ce Royaume....
Difperdat Dominus univerfa labia dolofa , & linguam magniloquam ; tu , Domine , fervabis nos ,
& cuftodies nos à generatione hâc in æternum* (I).

(1) David, Pf. 11.

F I N.

Nota. Tous les principes établis dans ce volume,
fe trouvent également raffemblés ;

1°. Dans le nouveau traité des deux Puiffances;

2°. Dans le livre de la Raifon dans l'Homme,
tom. v, ch. 1; art. 3, pag. 369.

3°. Dans un ouvrage intitulé : *Eclairciffemens fur
trois queftions , fur le pouvoir légiflatif, fur la néceffité
de l'acceptation & de l'enregiftrement.*

TABLE
DES CHAPITRES.

CHAPITRE IV.

CHAPITRE V.

Fin de la Table des Chapitres.